DIEDERICHS
GELBE REIHE

DIANA FFARINGTON HOOK

I Ging für
Fortgeschrittene

STRUKTUREN, KRÄFTE, KOMBINATIONEN

AUS DEM ENGLISCHEN
VON MATTHIAS DEHNE

EUGEN DIEDERICHS VERLAG

Mit 49 Abbildungen und Tabellen
Das Frontispiz zeigt den mythischen Kaiser Fu Hsi mit Schildkröte und den acht
Trigrammen (Rollbild von Ma Lin, Sung-Dynastie)

Originaltitel: The I Ching and Mankind (Routledge & Kegan, Paul, London und
Boston)

CIP-Titelaufnahme der Deutschen Bibliothek
Hook, Diana Ffarington:
I-ging für Fortgeschrittene : Strukturen, Kräfte, Kombinationen
/ Diana Ffarington Hook. Aus d. Engl. von Matthias Dehne. –
3. Aufl., München : Diederichs, 1990
    (Diederichs' gelbe Reihe ; 43 : China)
    Einheitssacht.: The I-ching and mankind ⟨dt.⟩
    ISBN 3-424-00743-9
NE: I-ging; GT

3. Auflage 1990
© 1975 by Diana Ffarington Hook
Alle Rechte der deutschen Ausgabe
beim Eugen Diederichs Verlag, München 1983

Umschlaggestaltung: Zembsch' Werkstatt München
Produktion: Tillmann Roeder, München
Satz: Lichtsatz Heinrich Fanslau, Düsseldorf
Druck und Bindung: Friedrich Pustet, Regensburg

ISBN 3-424-00743-9

Printed in Germany

INHALT

EINLEITUNG

Das I Ging kann nicht einfach als wunderliches Buch abgetan werden, das voller unverständlicher Symbole und magischer Zauberworte ist; wäre es so, dann hätten sich nicht Denker wie Laotse und Konfuzius bis hin zu C. G. Jung so ausführlich mit ihm beschäftigt. Ich glaube, daß ein ernsthaftes Studium dieses Buches der Wandlungen unmöglich ist, ohne den Spuren gerade dieser großen Lehrer zu folgen.

Beginnen wir daher mit einer Betrachtung der Aussage von C. G. Jung, daß das I Ging, weil die in ihm verkörperten Prinzipien* tief in das kollektive Unbewußte** der menschlichen Rasse eingeprägt sind, ihm eigene ‚magische‘ Eigenschaften besitzt und deswegen für übersinnliche und Weissagungszwecke benutzt werden kann; die Symbole der Trigramme und Hexagramme stellen das Medium dar, mit dessen Hilfe das I Ging seine Botschaften übermittelt.

Da das verborgene Unbewußte alles weiß, enthält und berücksichtigt – Vergangenheit, Gegenwart und Zukunft gleichermaßen – scheint es in der Lage zu sein, den nicht allwissenden, für sich allein stehenden bewußten Geist zu leiten und ihn, ohne einen Fehler zu begehen, zur Vollkommenheit und letztlichen Einheit mit dem absoluten Höchsten zu führen, das die Chinesen das T'ai Chi nennen. Selbstverständlich ist das I Ging nicht der einzige Weg, um eine derartige Führung zu erhalten. Meditation, Gebete, Träume und Astrologie sind einige andere mögliche Zugangswege.

---

* Das heißt, die Gegensatzpaare von Yin und Yang in allen ihren Ausdrucksformen, also negativ/positiv, dunkel/hell, weiblich/männlich, etc.

** nach C. G. Jung die tiefste Schicht des Unbewußten, die über das Individuelle hinausgeht. In ihr sind die Archetypen angelegt, d. h. die Komponenten, die die ererbte Persönlichkeitsstruktur des Menschen bilden.

Wenn Sie eine Beziehung zwischen dem Unbewußten und dem Bewußten herstellen wollen, ist es notwendig, daß Sie Ihren persönlichen Symbol-Kode erkennen und mit ihm vertraut werden, denn jeder Mensch stellt etwas Einmaliges dar.

Sie müssen deswegen die einzelnen Phänomene des Unbewußten verstehen lernen, nicht anders wie Sie ja auch die gesprochenen und geschriebenen Symbole Ihrer Sprache kennen und verstehen müssen, wenn Sie sich anderen mitteilen wollen.

Was für den einen unter bestimmten Umständen richtig ist, kann für einen anderen in vergleichbarer Lage vollkommen falsch sein, denn jeder hat sein eigenes Tao, seinen eigenen Sinn oder Weg. Eine Sache ist für *Sie* nur dann wichtig, wenn sie für *Ihr* Leben eine bestimmte Bedeutung hat. Man kann einen Menschen nicht etwas glauben machen, das zu akzeptieren er nicht vorbereitet ist. Ganz gleich, ob es sich um den Glauben an Gott, eine bestimmte Religion, einen Kult, ein Idol, einen Aberglauben oder um eine weltliche Angelegenheit handelt. Sie werden niemanden von etwas überzeugen, das er nicht hinnehmen will oder kann.

C. G. Jung spricht von dem Prinzip der Synchronizität*, das über die sogenannten Zufälle herrscht. Nach diesem Prinzip ist alles, was in einem bestimmten Augenblick in der Zeit vorhanden ist, miteinander verbunden. Wenn zur Erlangung eines Orakels die Münzen geworfen werden, wird das Unbewußte aktiviert und das Muster eben jenes Augenblicks offenbart.

Es gibt eine ganz eindeutige Struktur, in die sich alles in vollendeter Harmonie und Gleichzeitigkeit im kosmischen Ganzen hineinfügt, und in der nichts vom Zufall bestimmt ist. Der Mensch muß lernen, sich auf diese Struktur und diesen Rhythmus einzustellen. Wir können das Leben vielleicht mit einem komplizierten Tanz vergleichen, in dem nur der Meister, in diesem Fall das Unbewußte, alle Einzelschritte kennt. Jeder Tänzer muß für sich selbst herausfinden, was er zu tun hat und was er in einem gegebenen Augenblick sein soll. Da eben nur der Meister die voll-

---

* siehe in: C. G. Jung, ,,Synchronizität als Prinzip akausaler Zusammenhänge'', Ges. Werke VIII. (Anm. d. Übers.)

ständige ‚Choreographie' kennt, ist jeder gezwungen, sich wegen der richtigen Anweisungen an ihn zu wenden. Wenn die Tänzer ihrem freien Willen folgen und den Meister ignorieren, dann kommen sie ins Stolpern und werden sich gegenseitig verletzen.

Wenn im Leben Fehler gemacht werden, dann werden augenblicklich auch die kosmischen Gesetze aktiviert, um diese Fehler zu berichtigen. Diese Gesetze können als Ursache und Wirkung (Karma), Umkehr, Kompensation, Ausgleichung usw. in Erscheinung treten, die durch die Struktur des I Ging (die Hexagramme, Trigramme und Linien sowie ihre Bewegung und Interrelation) veranschaulicht werden, auf die wir im Verlauf des ganzen Buches Bezug nehmen werden. Das universale Gleichgewicht muß auf jeden Fall gewahrt bleiben. Wenn im Lauf des Prozesses, der das Gleichgewicht wiederherstellt, ein Unglück eintritt – sei es aufgrund der Handlungen eines einzelnen oder wegen Umwälzungen in der Natur – dann ist das nur von recht geringer Bedeutung, denn das Gesetz muß sich unausweichlich vollziehen. Dabei wird allerdings denen, die ihn verdienen, persönlicher Ausgleich zuteil. Die anfänglichen Fehler entstammen immer den Entscheidungen des Bewußtseins, die das natürliche Gleichgewicht gestört haben, und nicht dem Unbewußten, dessen Gesetz vollkommen ist.

Das Unbewußte spricht durch Vorzeichen und Ahnungen, die im Alltagsleben vermittelt werden, wo jeder Zustand seine besondere Ursache hat, also jede Form, Größe oder Farbe, jede Bewegung und jeder Aufenthaltsort und alle Lebensumstände eines Individuums. Aber diese Faktoren erhalten nur dann Symbolcharakter, wenn Sie ihnen besondere Aufmerksamkeit schenken. Nur dann gewinnen sie für Sie – und für keinen anderen – eine tiefere Bedeutsamkeit.

Das I Ging ermahnt uns häufig dazu, die Vorzeichen zu beachten, und will uns damit sagen, wie wichtig es ist, sich gewahr zu werden, daß uns das Unbewußte beständig umgibt und führt. Aber dennoch: wenn Verstand und Emotionen sich einmischen, ist es sehr oft nicht möglich, diese Vorzeichen zu verstehen. Wenn Sie sich einem verwirrenden Problem gegenübersehen, das unbedingt gelöst werden muß, wird sich darum das I Ging wegen seiner Symbolik als unschätzbar wertvoll für Sie erweisen.

Wir können das Unbewußte durch jede beliebige Form einer objektiven Verwirklichung erreichen, vorausgesetzt wir versetzen den bewußten Geist in einen Zustand der Ruhe, schläfern ihn sozusagen ein. In Augenblicken der Stille oder der heiteren Gelassenheit bei Meditation oder Gebet werden die Symbole des Unbewußten erscheinen und durch Ihr eigenes Unterbewußtes, in dem sie geordnet und richtig gedeutet werden müssen, an die Oberfläche des bewußten Geistes gelangen. Dies nennt man dann Hellsehen. Es wird wahrscheinlich eine lange Zeit geduldigen Studierens vergehen, bevor Sie Ihren eigenen Kode zu verstehen gelernt haben. Beständiges Üben wird notwendig sein, bevor Sie den Geisteszustand erreichen können, den Shakespeare folgendermaßen charakterisiert: »Dies unser Leben, von Getümmel frei, gibt Bäumen Zunge, findet Schrift im Bach, in Steinen Lehre, Gutes überall.«*

Der Rahmen eines allgemeingültigen Kode von Symbolen ist mit dem I Ging bereits gegeben. Ihre Aufgabe besteht also nur darin, damit in Verbindung zu treten und die Botschaften zu interpretieren, die die Symbole des I Ging Ihnen übermitteln. Um die Wahrheit unverzerrt zu erhalten, ist es notwendig, daß Sie das I Ging mit ruhigem Geist, mit Achtung und Sachverstand benutzen. Und ferner sollten Sie ihm, wenn Sie einmal um seine Führung gebeten haben, vertrauensvoll folgen. Das empfindliche Band, das mit dem Unbewußten geknüpft wurde, darf nicht mißbraucht oder ignoriert werden, da es – wie die Stimme des Gewissens – durch Mißbrauch und Mißachtung immer schwächer wird, bis es schließlich ganz gerissen ist.

Die Muster des I Ging enthüllen die Weise, in der die positiven und negativen Kräfte des Kosmos sich gegenseitig wie gigantische Pendel im Gleichgewicht halten, die zwischen den sich ergänzenden Polen von Yin und Yang hin- und herschwingen. Die Gesetze des Universums treten alle in Paaren auf. Hier seien nur einige Beispiele der wichtigsten aufgeführt:

---

* *Wie es Euch gefällt*, II, 1, 12, Übers.: W. Schlegel

1.

Gegensätze ziehen sich an, so z. B. die Geschlechter.

	oder	
▬▬ ▬▬ (Yang und Yin)		▬▬▬ (Yin und Yang)

Yang und Yin   oder   Yin und Yang

(Gegenteil: Gegensätze stoßen einander ab.)

Gleiches sucht Gleiches, so bricht z. B. Feuer am leichtesten dort aus, wo es trocken ist.

Yang und Yang   oder   Yin und Yin

(Gegenteil: Plötzlicher Umschwung bei Übersättigung.)

2.

Die Starken stützen die Schwachen, z. B. bei der Erziehung der Jugend.

Yang unter Yin

(Gegenteil: Die Kräfte des Guten werden von negativen Kräften in Schach gehalten.)

Die Schwachen folgen den Starken, so z. B. der Schüler seinem Lehrer

Yin unter Yang

(Gegenteil: Die Starken unterdrücken die Schwachen; das Gesetz des Dschungels.)

3.

Das Prinzip, dem geringsten Widerstand zu folgen. So fließt
Wasser z. B. immer bergab.

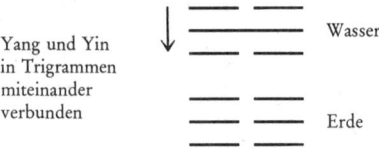

Yang und Yin
in Trigrammen
miteinander
verbunden

Wasser

Erde

(Gegenteil: Sich widersetzen, anschwellen und sich verstärken,
um Hindernisse zu überwinden.)

Wachstum und Entwicklung durch Spannung. So drängen sich
die Pflanzen z. B. durch die Erde nach oben.

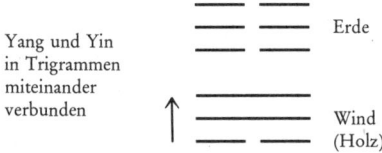

Yang und Yin
in Trigrammen
miteinander
verbunden

Erde

Wind
(Holz)

(Gegenteil: Gegebene Umstände hinnehmen und von der Flut
der Ereignisse überrollt werden.)

Wenn Yang oder Yin auf der Höhe ihrer jeweiligen Entwicklung
stehen, überwinden sie sich selbst und kehren sich in ihr Gegenteil. C. G. Jung nennt diesen Prozeß Enantiodromie*, ein grie-
chisches Wort, welches bedeutet, daß alles einmal in sein Gegenteil hineinläuft, daß sich alles, wenn es einen bestimmten Punkt
erreicht hat, in sein Gegenteil kehrt.

---

* zu diesem Begriff siehe: Jolande Jacobi, *Die Psychologie von C. G. Jung,* Frank-
furt 1977, S. 58 ff. (Anm. d. Übers.)

Um dies weiter auszuführen, möchte ich an dieser Stelle aus den Notizen zitieren, die Mary Foote während eines Seminars, in dem C. G. Jung über die Interpretation von Visionen sprach, aufzeichnete und später herausgab.* Er soll dabei geäußert haben: »Wenn es Yin gelingt, Yang vollkommen zu verschlucken und zu vernichten, durchdringt Yang die Dunkelheit und setzt sie in Flammen, und daraus tritt dann wieder das Licht hervor. Wenn Yin also Yang besiegen will oder Yang Yin, wenn ein einzelner eine ganze Menschenmenge überwinden oder der König sein Volk regieren will, dann muß er von der Menge gewissermaßen geschluckt werden, dann muß er sich ihr vollkommen hingeben, denn nur so kann er in jedem einzelnen erscheinen. Diese Wahrheit wird im christlichen Abendmahl versinnbildlicht. Dort wird Christus im wahrsten Sinne des Wortes gegessen; er durchdringt die Dunkelheit jedes einzelnen und tritt in jedem einzelnen wieder in Erscheinung.« Im christlichen Abendmahl findet eine Vereinigung von Geist und Materie statt, eine Vereinigung von Gegensätzen, von Yin und Yang. Diese Vereinigung ist eine der schwierigsten und bedeutendsten Aufgaben, die dem Menschen gestellt ist.

Der geistige und der materielle Mensch müssen zu einem integrierten Ganzen werden, damit der Körper zu einem Ausdruck der Seele werden kann.

Das I Ging verdankt seinen Titel *Buch der Wandlungen* der Tatsache, daß sein innerstes Wesen die sich wandelnden Muster des Daseins betrifft, die durch das Unbewußte und die Macht der Gedanken hervorgerufen werden. Wir dürfen in der Tat sagen, daß das I Ging eine Blaupause des menschlichen Geistes ist, durch dessen Gedanken die Wandlungen geformt werden, die letztlich das gesamte Gefüge des physischen Lebens gestalten.

Das ständig zeugende Unbewußte erschafft Phänomene, die C.

---

* siehe: *The Interpretation of Visions, IV*, gesammelt und herausgegeben von Mary Foote, erschienen in der Zeitschrift *Spring*, Zürich, 1963.
(Bei diesem Zitat ist zu bedenken, daß es nicht aus einem von C. G. Jung selbst verfaßten oder redigierten Manuskript stammt, sondern aus Aufzeichnungen, die von seinen Studenten während oder sogar erst nach den Vorträgen niedergeschrieben wurden.)

G. Jung als Archetypen* bezeichnete, und diese wiederum beeinflussen das Denken und die physische Äußerung in ihren verschiedenen Formen und Gestalten. Die Reihenfolge der Hexagramme des I Ging ist ein Beispiel dafür, wie sich diese archetypischen Muster aus den Tiefen des Unbewußten erheben und in bewußte Formen getragen werden.

So lehrt das I Ging, daß alle immateriellen Dinge wie Denkprozesse, anziehende Kräfte und die Zeit die natürlichen Vorläufer der materiellen physischen Erscheinung und des Raums sind. Dieses Bezugsverhältnis zwischen Raum und Zeit ist ebenfalls in der Relativitätstheorie enthalten, die, wie das I Ging, die Hypothese vertritt, daß das, was für einen Menschen unter bestimmten Umständen in einem bestimmten Augenblick richtig sein mag, für jemand anderen in einer ähnlichen Situation – oder für dieselbe Person zu einer anderen Zeit – nicht ebenfalls richtig sein muß.

Die Yang-Linie des Himmels – der Zeit und des Geistes – ist ungeteilt, ungebrochen. Es ist die Yin-Linie der Erde – des Raumes und der physischen Erscheinung –, die geteilt, durchbrochen ist.

Die Welt tritt gerade in das Wassermann-Zeitalter ein. Der Wassermann ist ein ‚positives‘ Tierkreiszeichen und steht für Brüderlichkeit, Vereinigung und das Teilen allen Wissens unter allen Menschen. Es unterscheidet sich damit scharf von dem Zeichen des vorangegangenen Zeitalters, dem Zeichen der Fische, einem ‚negativen‘ Tierkreiszeichen und dem Symbol für verborgene Dinge. Wenn Wissenschaft und Religion lernen, zusammenzugehen, anstatt sich gegenseitig zu verdammen und zu bekämpfen, werden große schöpferische (Yang)-Äußerungen die unvermeidliche Folge sein.

Der Mensch besteht aus Körper, Geist und Seele, und alle drei Bereiche müssen bei seiner Erziehung, beim Umgang mit seinen Mitmenschen, bei der Diagnose seiner Krankheiten usw. berücksichtigt werden.

Der Mensch kann durch sein Unbewußtes lernen, wie er es vermeiden kann, sich selbst und seinen Mitmenschen Leid zuzufü-

---

* vgl. J. Jacobi, *op. cit.* S. 47 ff. (Anm. d. Übers.)

gen, Leid, das aufgrund seiner zyklischen und unvermeidlichen Natur auf ihn selbst zurückfallen wird. Ihr Unbewußtes kann Ihnen verstehen helfen, was vor Ihnen liegt, und Sie lehren, wie Sie sich im Rahmen Ihrer Situation umsichtig verhalten können. Das I Ging ist eine Brücke zu diesem Wissen, denn es enthüllt die archetypischen Grundmuster, die auch Ihrer Persönlichkeit zu Grunde liegen.

*

Die Autorin dankt Nan Huai-Chin (Professor der Philosophie an der Fu Jen Universität, Taiwan), Dr. Wen-Kuan Chu, Yvonne Jasven, Iris Knight, Zelia Pennington und Peter Wright für ihre Hilfe sowie folgenden Autoren und Verlagen für die freundliche Erlaubnis, aus ihren Werken zu zitieren:

Curtis Brown Ltd. (Abb. S. 35 aus *The Sacred Classic of Permutations, Chinese Ghouls and Goblins* von G. Willoughby-Meade, veröffentlicht bei Constable & Co.);

W. A. Sherrill (Abb. S. 115 ff. aus *Heritage of Change*, veröffentlicht bei der East-West Eclectic Society);

Health Science Press (Abb. S. 151 und Ausschnitte aus Dr. Stiefvaters Buch *What is Acupuncture?*);

Harcourt Brace Jovanovich Inc. und Routledge & Kegan Paul (Abb. S. 75 aus *The Secret of the Golden Flower*);

Franz Jung (Zitate aus *The Interpretation of Visions IV*, veröffentlicht von Mary Foote in *Spring*, 1963);

The Curtiss Philosophic Book Co. (Zitate aus *The Key to the Universe* von F. Homer Curtiss) und

Samuel Weiser Inc. (Abbildungen und Zitate aus Alan Leo, *Jupiter: The Preserver*).

1 DIE ANORDNUNG DER TRIGRAMME IM FRÜHEN UND SPÄTEN HIMMEL

Jene von Ihnen, die mit dem I Ging bereits ein wenig vertraut sind, werden wissen, daß der bedeutende Unterschied zwischen den beiden periodischen Anordnungen der Trigramme – Früher Himmel und Später Himmel – gewissermaßen das Fundament, die Grundlage des I Ging ausmacht. In diesem Kapitel möchte ich mich etwas ausführlicher hierzu äußern, denn wir werden im Verlauf des Buchs immer wieder auf diese beiden Trigramm-Anordnungen Bezug nehmen.

Der Frühe Himmel erscheint in der Literatur zuweilen auch unter folgenden anderen Bezeichnungen:

Fu Hsis Anordnung der Trigramme
Die Welt des Denkens
Die Welt der Vorstellungen
Vorweltliche Anordnung
Ursprüngliche Anordnung
Reihenfolge des Früheren Himmels.

Dies ist die ursprüngliche Anordnung der Trigramme, in der die einander entgegengesetzten Ideogramme sich in einem Kreis jeweils gegenüberstehen. Sie legt die Ausgleichung der sich ergänzenden Gegensätze dar, verweist auf die unermeßlichen kosmischen Yin- und Yang-Kräfte, die Zeit, die Gedanken, die Wellen des Magnetfeldes, das Unsichtbare, das Unbewußte, das Nicht-Offenbarte, das spirituelle Leben, den Himmel und alles Immaterielle. Der Frühe Himmel veranschaulicht, daß die Aufgabe des Himmels in Hinblick auf die materielle Welt darin besteht, zwischen den entgegengesetzten Kräften das Gleichgewicht zu wahren.

Das Gesetz des natürlichen Gleichgewichts gehört selbst dem Frühen Himmel an, denn es ist nicht sichtbar. Wenn es sich je-

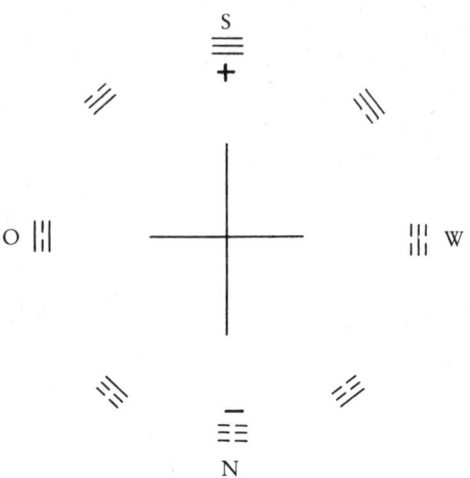

Früher Himmel

doch als ein sich wandelnder oder gewandelter Zustand deutlich in der materiellen Welt manifestiert, gehört es dem Bereich der nächsten Trigramm-Anordnung, dem Späten Himmel an. Diese Anordnung befaßt sich mit den physischen Erscheinungen. Die Anordnung des Frühen Himmels befindet sich also gewissermaßen hinter der Anordnung des Späten Himmels und scheint durch diese hindurch.

Der Späte Himmel erscheint in der Literatur zuweilen auch unter folgenden anderen Bezeichnungen:

König Wens Anordnung der Trigramme
Die innerweltliche Anordnung
Die Welt der Erscheinungen
Die Welt der Sinne
Die Reihenfolge des Späteren Himmels.

Diese letztere Trigramm-Anordnung, die auf die vorangegangene folgt, beschäftigt sich in erster Linie mit der Veränderung

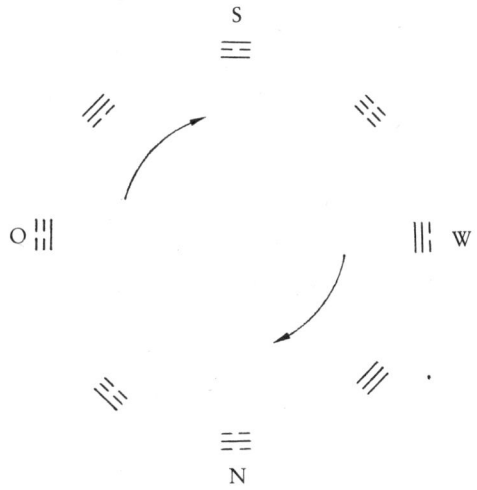

Später Himmel

der physischen Erscheinungen und materiellen Dinge, die wie in einem Kreis von einem Punkt im Osten, der mit dem Trigramm des Erregenden ☳, welches ihre Geburt oder ihren Beginn symbolisiert, durch all die anderen Trigramme, welche Wachstum und Ernte versinnbildlichen, in einem vollen Kreislauf zu einem Punkt im Nordosten laufen, an dem das letzte Trigramm, das Stillehalten ☶, ihr Ende oder ihren Tod symbolisiert. (Achten Sie darauf, daß diese beiden Trigramme, die Symbole für Geburt und Tod, einen entgegengesetzten Aufbau besitzen).

Da diese Anordnung eine zeitliche Aufeinanderfolge repräsentiert, beschäftigt sie sich mit den Wandlungen, die sich durch die Rhythmen der Zeit ergeben, wie z. B. die Jahreszeiten, die Tageszeiten, Geburt, Entwicklung und Tod von Lebewesen, Beginn, Fortgang und Ende aller Vorhaben und Objekte, die Sie in Betracht ziehen wollen. Diese Anordnung stellt nicht das Vorüberziehen der Zeit an sich dar, sondern befaßt sich vielmehr mit den wahrnehmbaren physischen Manifestationen wie der tatsächlichen Struktur eines Kristalls, dem Reifungsprozeß einer Frucht, dem Heranwachsen eines Kindes usw.

Das Vorüberziehen der Zeit hingegen gehört, da unsichtbar, zur Trigramm-Anordnung des Frühen Himmels. Der Späte Himmel beschäftigt sich mit allem Beseelten und Unbeseelten, das aufgrund seines irdischen Daseins unbeständig ist und sich im Zustand konstanter Wandlung befindet. Beispiele dafür sind: Raum und alle Räumlichkeiten, ein Berg, ein Gebäude, ein Kunstwerk, ein Musikstück, der menschliche Körper im Gegensatz zu seinem spirituellen Wesen und alle begrifflichen Vorstellungen, die ins Dasein treten, sich entwickeln, und sich schließlich erschöpfen, sterben und verfallen. Der Tod ist die natürliche Folge des Lebens; die Ergänzung des Lebens, aber nicht das Gegenteil vom Leben, denn das Gegenteil des Lebens ist verkümmertes Wachstum und Mißbildung.

Der Späte Himmel offenbart die Yin- und Yang-Kräfte in ihren physischen Ausdrucksformen von Gut und Böse, Stärke und Schwäche, männlich und weiblich, usw.

Die Bewegung des Frühen Himmels wirkt über das Kreisinnere hinweg von einer Seite auf die ihr genau gegenüberliegende Seite, indem sie zwischen einem Trigramm und dem ihm entgegengesetzten Trigramm hin- und herschwingt, d. h. von der Yang-Linie zur Yin-Linie, von Yin zu Yang, vom Schöpferischen zum Empfangenden und wieder zurück. Dieses Hin- und Herlaufen findet zwischen jeder Gruppe von sich ergänzenden Paaren statt, z. B.:

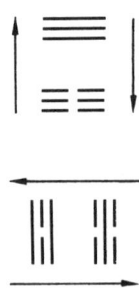

Der Späte Himmel hingegen wirkt in einem Kreis*:

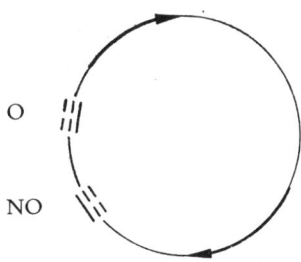

Man braucht nur die Naturerscheinungen zu betrachten, um zu
sehen, wie viele Kreisläufe und Krümmungen es dort gibt. Die
Sonne, die Erde, die Form aller Früchte, die Form des menschlichen Kopfes, ja sogar der Raum..., um nur einmal einige wenige
Beispiele zu nennen. Selbst wenn sich der Ast eines Baums oder
ein Felsblock spalten, werden die dadurch entstandenen scharfen
Kanten schließlich im Laufe der Zeit aufgrund einer naturgesetz-
lichen Veränderung wieder abgerundet.
Im I Ging steht der Frühe Himmel für das spirituelle und der
Späte Himmel für das materielle Leben. Spirituelle Wesenheiten,
die ‚eins‘ und ewig sind, weder Geburt noch Tod, weder Anfang
noch Ende kennen, werden also durch die ungebrochene Yang-
Linie symbolisiert, wohingegen die materiellen Dinge durch die
durchbrochene Yin-Linie versinnbildlicht werden, weil sie nur
eine begrenzte Lebensdauer haben und sowohl räumlicher Di-
stanz als auch dem Tod unterliegen – beides Phänomene, die eine
Trennung mit sich bringen. In der Welt der materiellen Dinge ist
nur eine Teilansicht auf jedes Ereignis gestattet, und alles kann
sich teilen oder auseinanderbrechen.

---

* Natürlich darf dies nicht mit der Tatsache verwechselt werden, daß im I Ging das
Yang, das Symbol des Spirituellen, durch einen Kreis und das Yin, die physische
Erscheinung, durch ein Quadrat dargestellt ist. So wird z. B. der beherrschende
Herr (Yang) durch ein O und der konstituierende Herr mit einem □ gekenn-
zeichnet. Siehe R. Wilhelm (Hrsg.), *I Ging, Das Buch der Wandlungen*, S. 334 f.

Aus diesem Grund ist das ungeteilte Gesamtmuster eines jeden Ereignisses, das notwendigerweise auch sein zukünftiges Ergebnis beinhaltet, nur dem Himmel bekannt. Die Zeit, welche noch keine materielle Gestalt angenommen hat, d. h. die Zukunft, gehört nur dem spirituellen Bereich an. Andererseits sind die Vergangenheit und die Gegenwart ein Teil der Erde geworden und können deswegen von dem Geist erkannt werden, der eine physische Form angenommen hat, so weit seine begrenzten Fähigkeiten es ihm erlauben. Von der Zukunft können wir also nur wissen, indem wir mit dem Himmel oder der spirituellen Welt in Kontakt treten.

Es darf jedoch nicht außer acht gelassen werden, daß das Muster der Zukunft bis zu einem gewissen Grad beeinflußt werden kann, denn der Mensch besitzt hinsichtlich seines Denkens und Handelns einen freien Willen. Weissagungen können aus diesem Grunde irreführend sein. Da das I Ging das für eine Situation angemessene Verhalten andeutet, sollte es nicht zu Wahrsagezwecken, sondern nur zur Führung und Leitung zu Rate gezogen werden. Wenn uns das I Ging, indem es uns den Weg weist, nebenbei zukünftige Ereignisse enthüllt, dann geschieht dies nur, weil es für uns wichtig ist, davon zu wissen. Auch mag das I Ging zeigen, daß bestimmte Umstände, da sie eine direkte Auswirkung eines Eingriffs des Schicksals sind, unabänderlich eintreffen werden. Das Schicksal kann, wenn die Gegebenheiten es erfordern, den freien Willen des Menschen ganz und gar aufheben oder sogar den gesamten Ablauf der universellen Muster grundlegend verändern.

2 DAS SCHILDKRÖTEN-DIAGRAMM

Das Schildkröten-Diagramm ist sehr alt und bildet nach der Überlieferung den Ursprung des I Ging. Der weise Fu Hsi soll, so wird überliefert, die Anordnung der Trigramme des Frühen Himmels bestimmt haben, indem er die Musterung eines Schildkrötenpanzers betrachtete. Auf den ersten Blick mag – wenn überhaupt – zwischen der Anordnung auf dem Schildkrötenpanzer und derjenigen des Frühen Himmels nur ein sehr loser Zusammenhang sichtbar sein. Die folgende Abbildung zeigt jedoch, daß, plaziert man die Zahlen des Schildkröten-Diagramms nach ihrem Zahlenwert, die mit ihnen übereinstimmenden Trigramme dann in der Anordnung des Frühen Himmels erscheinen, vorausgesetzt, man verlegt das Schöpferische ≡≡≡ von seiner gegenwärtigen Position im Norden in den Süden (wo es im I Ging üblicherweise erscheint) und verlegt den Wind ≡≡ von der Mitte des Schildkröten-Diagramms in den Südwesten der Anordnung Fu Hsis (siehe dazu die beiden Abbildungen auf den nächsten Seiten).

Mit der Zahl Neun ist kein Trigramm assoziiert, denn die Neun versinnbildlicht Unveränderbarkeit, Nicht-Wandlung (siehe S. 77 f.) Da die Trigramme weniger Objekte als vielmehr Wandlungszustände darstellen, kann mit der Zahl Neun kein Trigramm verbunden sein. Andererseits ist die Zahl Fünf die Zahl der Wandlung selbst (siehe S. 45 ff.) und wird von dem Trigramm Wind ≡≡ repräsentiert, welches sich vom Mittelpunkt aus, wo die Wandlung stattfindet, in den Südwesten verlagert, der den Anfangspunkt der Interaktion darstellt, welche durch dieses Hexagramm hervorgerufen wird (siehe S. 28).

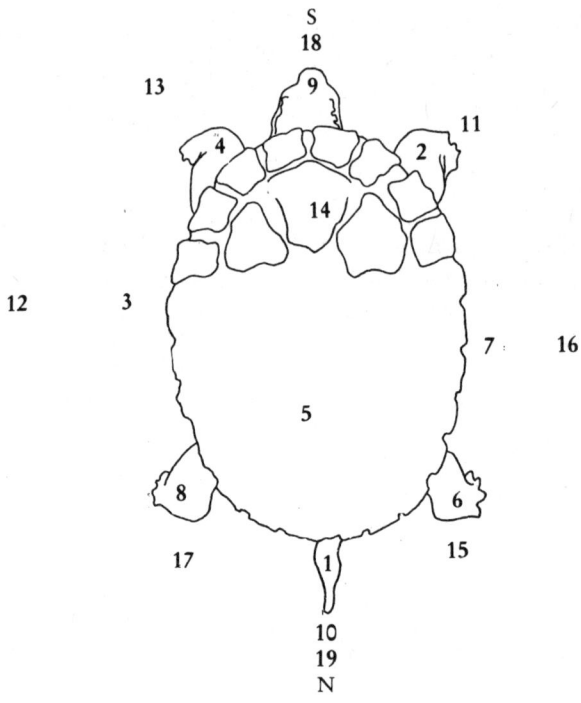

S
18

Die Bedeutung der Trigramme und ihrer Entsprechungen im Tarot:

1 ☰ Kiën, Yang, das Schöpferische
Tarot: Der Magier (1), das Rad (10) und
die Sonne (19)

2 ☱ Dui, der See, die Verbreitung von
Wissen
Tarot: Die Hohepriesterin (2) und die
Kraft (11)

3 ☲ Li, das Feuer, das Licht, das Bewußtsein
Tarot: Die Herrscherin (3) und der Gehängte (12)

4 ☳ Dschen, der Donner, die Energie,
die Wachstum anregt
Tarot: Der Herrscher (4) und der Tod
(13)

5 ☴ Sun, der sanfte Wind
Tarot: Die Hierophant, das ‚Hier und
Jetzt' (5) und die Mischung (14)

6 ☵ Kan, das Wasser, das Emotionale
Tarot: Die Liebenden (6) und der Teufel
(15)

7 ☶ Gen, der Berg, das physische Wesen
des Menschen
Tarot: Der Wagen (7) und der Turm
(16)

8 ☷ Kun, Yin, die Erde, das irdische
Wesen des Menschen
Tarot: Die Gerechtigkeit (8) und der
Stern (17)

9 Als Zahl der Nicht-Wandlung ist der
Neun kein Trigramm zugeordnet, wohl
aber zwei Tarot-Trümpfe: Der Eremit,
die Stirn, die Fähigkeit, etwas zu erreichen (9) und der Mond (18).

Die chinesische Schildkröte

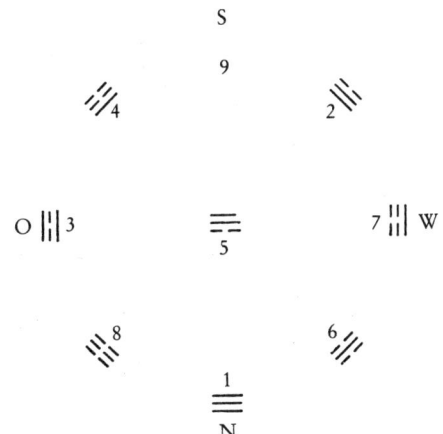

Schildkröten-Diagramm

Fu Hsis Anordnung des Frühen Himmels

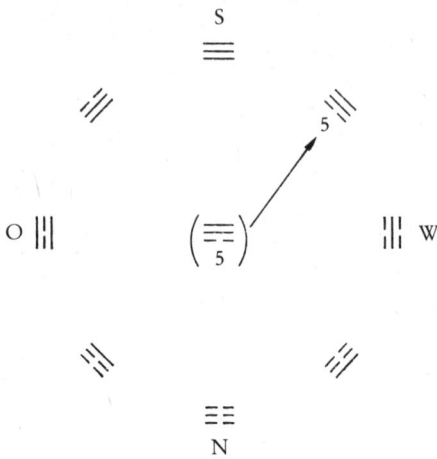

Die Verlagerung der Wandlungszahl

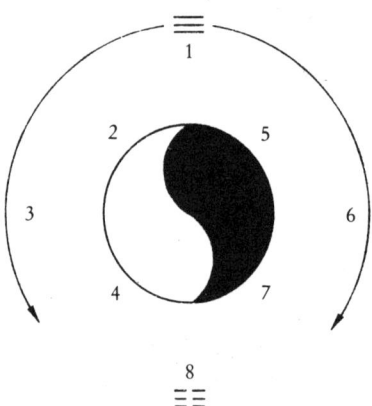

Das I Ging-Symbol in der Anordnung von Fu Hsi. Zu seiner Entstehung siehe Abbildung S. 107.

Der Legende zufolge soll die Schildkröte ursprünglich dem Fluß Lo entstiegen sein. Die Abbildung auf Seite 45 zeigt, daß die Karte vom Fluß Lo – im folgenden auch als Lo-Karte bezeichnet – dieselbe Anordnung der Zahlen aufweist wie die Schildkröte-von Seite 26, nämlich:

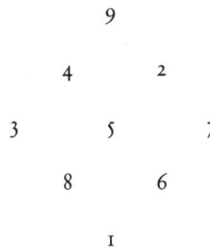

Zusätzlich zu den Zahlen zeigt die Lo-Karte noch die fünf Wandlungszustände, die im weiteren Verlauf des Buchs noch in allen Einzelheiten besprochen werden. Die folgenden beiden Abbildungen zeigen uns zunächst die Zahlen und Wandlungszustände der Lo-Karte und dann die Trigramm-Anordnung des Späten Himmels, die mit der Anordnung auf der Lo-Karte identisch ist.

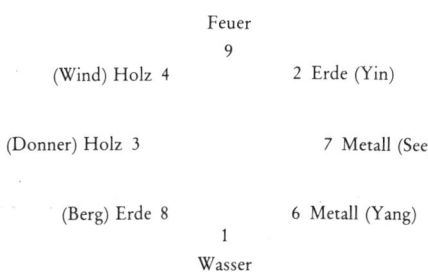

Lo-Karte

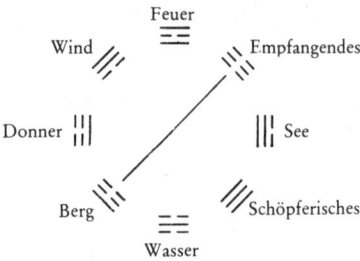

Später Himmel

In den Wandlungszuständen der Lo-Karte wird die Erde als einziges der fünf Elemente oder Wandlungszustände aufgeteilt und erscheint damit auf beiden Seiten der Abbildung an einander gegenüberliegenden Stellen. Die beiden Trigramme sind das Empfangende (welches nur aus unterbrochenen Linien besteht), die Erde ☷ ☷ und der Berg ☶ ☶, der größtenteils aus Erde besteht. Eine gerade Linie, die die beiden Seiten miteinander verbindet und durch die Mitte verläuft, in der die Wandlung stattfindet, weist wie die Erdachse eine gewisse Neigung auf (siehe auch S. 80).

Im Schildkröten-Diagramm teilt die Zahl der Fünf die Schildkröte in der Mitte. Die Trennlinie stellt die Ost-West-Achse dar. Dies versinnbildlicht den Solarplexus des Menschen.

Das T'ai Chi, das Absolute Höchste oder der Uranfang*, soll mit dem Mittelpunkt von Schau Yungs kreisförmiger Anordnung der Trigramme auf der nächsten Seite zusammenfallen. Diese kreisförmige Anordnung fußt auf dem Frühen Himmel und damit auf dem aus der Schildkröte entwickelten Diagramm. Das T'ai Chi ist der Ruhepunkt zwischen Yin und Yang, das Zentrum des Nord-Süd- oder Süd-Nord-Umlaufs, wie er von den Hexa-

---

* Der Begriff des ‚Absoluten‘ oder ‚Absoluten Höchsten‘ für das T'ai Chi ist in der englischsprachigen Literatur zum I Ging durchaus gängig. Um Mißverständnisse zu vermeiden, sollte jedoch darauf hingewiesen werden, daß mit dem Begriff des T'ai Chi nicht auf das Tao in seiner überweltlichen Transzendenz verwiesen wird, sondern daß T'ai Chi vielmehr für das Tao als ein diesseitig in Erscheinung Tretendes steht. Siehe dazu: Richard Wilhelm, »Das Buch der Wandlungen« in *Botschafter zweier Welten*, Düsseldorf und Köln, 1973, S. 66 f. (Anm. d. Übers.).

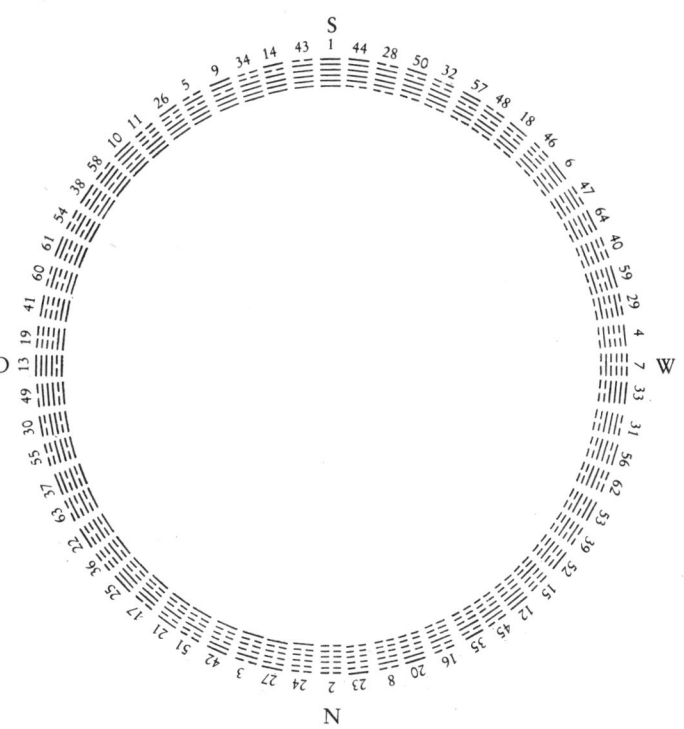

Schau Yungs kreisförmige Anordnung der Hexagramme

grammen der beiden Kreishälften illustriert wird. In diesem Kreis nun sind die Hexagramme in einer Weise angeordnet, daß jedes Hexagramm aufgrund der Verteilung seiner Yin- und Yang-Linien die völlige Wandlung des gegenüberliegenden Hexagramms ist. In den Kapiteln 6 und 8 werden wir uns noch näher mit der Bedeutung dieser Anordnung beschäftigen.

In seinem Buch »*Was ist Akupunktur?*« sagt E. W. Stiefvater, daß der Unterleib für das Energiezentrum des physischen Körpers gehalten wird. Es ist gewiß, daß die Nabelschnur den Menschen an dieser Stelle mit seiner Mutter verbindet. In einer ungebrochenen Kette wird diese Schnur vom Weiblichen, das selbstverständlich Yin ist, weitergetragen. Sie ist die Lebenslinie des menschlichen Körpers, der, da er zur Erde gehört, ebenfalls Yin ist; und eben durch seine Trennung (Yin) wird die schöpferische Kraft (Yang) geboren.

Die alten chinesischen Herrscher, die in der nördlichen Hemisphäre beheimatet waren, sagten, daß man von Norden nach Süden vorstoßen muß, wenn man eine feindliche Stadt oder Armee besiegen will. Man muß also vom Norden aus angreifen, bis man zum Äquator kommt, der die Taille oder das Zentrum der Erde darstellt; ist der Äquator überschritten, dann muß man die Stoßrichtung umkehren und von Süden nach Norden vorrücken. Im zweiten Weltkrieg war Japan siegreich, solange es bei seinem Vorstoß aus dem Norden nicht den Äquator überschritt; als dies geschehen war, kam der japanische Vormarsch zum Stillstand. Im alten China näherten sich die Führer einer Armee einem Ort, den sie erobern wollten, immer, indem sie sich zuerst in eine Position begaben, die nördlich des Angriffsziels lag. (Auf der südlichen Erdhalbkugel gelten in bezug auf den Äquator natürlich die entgegengesetzten Richtungsgesetze).

Mit anderen Worten: Der Äquator bildet die Trennlinie und ist der Ruhepunkt, an dem Tag und Nacht das ganze Jahr hindurch gleich lang, d. h. halb Yang und halb Yin sind, und wo die Temperaturen ihren Höhepunkt erreichen. Dies ist durch das Ineinanderfließen der Hexagramme 63 und 64 versinnbildlicht;

Hexagramm 63

Äquator (Punkt der Wandlung)

Hexagramm 64

das Trigramm des Feuers ☲ steht dabei für Hitze und das Trigramm des Wassers ☵ für Kälte.

Würde man nur in Hexagramm 63 verharren, dann würde man sich nur innerhalb des Zeichens von einer Linie zur nächsten auf und ab bewegen und damit gewissermaßen ein Spiegelbild derselben Zustände hervorbringen. Diese spiegelgleiche Art, ein Hexagramm zu betrachten, enthält eine tiefe okkulte Wahrheit, die im weiteren Verlauf noch im einzelnen erklärt werden wird. Sie stellt ein schwer zu verstehendes Paradoxon dar. Wenn der Äquator überschritten wird, d. h. wenn sich Hexagramm 63 zu Hexagramm 64 verändert, wird ein Übergangsstadium betreten, das die eigentliche Bedeutung dieses Hexagramms ist.

In bezug auf ihren Zahlenwert gibt es zwei Gründe, warum die Zahl Fünf, die im Zentrum des Schildkröten-Diagramms zu finden ist, die Zahl der Wandlung ist.

1. Fünf enthält die Zahlen Zwei und Drei. Zwei ist die Zahl der Erde und repräsentiert Yin; Drei ist die Zahl des Himmels und repräsentiert Yang.* Die Seiten der Münzen, die beim Münzorakel benutzt werden, stehen jeweils für die Zahl Zwei oder Drei.

2. Fünf wandelt Yin-Zahlen (gerade Zahlen) in Yang-Zahlen (ungerade Zahlen) um und umgekehrt:

ungerade	gerade		gerade	ungerade
$1 + 5 = 6$			$2 + 5 = 7$	
$3 + 5 = 8$			$4 + 5 = 9$	

An dieser Stelle möchte ich gerne von einer Begegnung berichten, die ich vor kurzem mit einem afrikanischen Medizinmann hatte, weil sie verdeutlicht, daß zwischen der Zahlensymbolik des I Ging und des Okkultismus eine Verbindung bestehen mag.

Sein Haus war eine der üblichen runden, strohbedeckten Erdhütten. Als ich den dunklen Innenraum betrat, konnte ich nur schwach die Gestalt eines großen Mannes ausmachen, der mich eher abweisend begrüßte und mich, ohne sich zu erheben, dazu aufforderte, auf einem Baumstamm neben ihm Platz zu nehmen, während er auf dem Lehmboden saß.

---

* siehe R. Wilhelm, *I Ging*, S. 285 f. und S. 338

Nachdem sich meine Augen an die Dunkelheit gewöhnt hatten, sah ich auf dem Boden vor uns eine Ansammlung von Knochen, Muscheln, Stöcken, Steinen, Lederfetzen und anderen kleinen Gegenständen ausgebreitet. Aus diesen Gegenständen wählte er drei kleine Stöcke aus, in die verschiedene Muster gebrannt waren, und reichte sie mir. Während ich sie in den Händen hielt, blies ich sie, wie mir angewiesen wurde, an und gab sie dem *Sangoma* zurück, der dann begann, »die Knochen zu werfen«, wie man es in der Gegend nannte. Er erklärte mir dabei, daß es Glück, Erfolg oder einen Mann bedeute, wenn sie auf die eine Seite, und Unglück, Versagen oder eine Frau, wenn sie auf die andere Seite fallen würden. Das entsprach genau dem Yin und Yang des I Ging. Er warf die Knochen, nahm sie auf, warf sie erneut, viele, viele Male. Dabei nannte er Zahlen und erklärte mir ihre Bedeutung. Ich war fasziniert von der verblüffenden Ähnlichkeit, die diese mit der Bedeutung der Tarotkarten und der Zahlensymbolik des I Ging aufwiesen.

Er sprach, wenn auch manchmal gebrochen, gut verständliches Englisch, das er zweifellos in einer nahegelegenen Missionsschule gelernt hatte. Während ich seinem Vortrag über die Bedeutung der Zahlen gefesselt zuhörte, wanderten meine Augen ziellos über die Gegenstände, die vor unseren Füßen lagen, bis ich plötzlich einen Schildkrötenpanzer sah. Nachdem er mir erlaubt hatte, ihn in die Hand zu nehmen, fragte ich, ob mit ihm eine bestimmte Zahl verbunden sei. Als ich die Antwort erhielt, daß mit diesem Schildkrötenpanzer alle Zahlen in Verbindung stünden, forschte ich weiter und fragte, ob sich mit dem Schwanz nicht vielleicht die Zahl Eins verbinde, worauf er zustimmend nickte. Ich drehte den Panzer herum, deutete auf den Kopf und fragte, welche Zahl der nun darstelle. Obwohl ich eigentlich nicht mehr überrascht zu sein brauchte, war ich trotzdem verblüfft, als er mir erklärte, es sei die Zahl Neun.

Höchst seltsam, daß ein Schwarzafrikaner wie er, vom Ursprungsland des altchinesischen Orakelbuchs durch fünf Jahrtausende, durch viele tausend Meilen von Meeren und Gebirgen und durch eine andere Sprache getrennt, mit einem Schildkrötenpanzer die gleiche Zahlensymbolik verbindet wie das I Ging.

3 DAS DRACHENPFERD

Im Gegensatz zu der Schildkröte des Frühen Himmels, die wegen ihrer Spiritualität der Legende nach von der Luft leben konnte, ist das Drachenpferd des I Ging ein schwereres und materielleres Wesen und mit den Trigrammen der Anordnung des Späten Himmels verbunden, die König Wen durch bestimmte Zeichen auf einer Seite seines Körpers enthüllt worden sein sollen.

Dieses Fabelwesen ist angeblich aus dem Gelben Fluß aufgetaucht, aus seinen Nüstern Feuer speiend. Das Trigramm Feuer ☲ oben deutet an, daß es physisch bewußt war, Intelligenz besaß und am Himmel haftete, wohingegen das Trigramm des Wassers ☵ des Flusses zu seinen Füßen die Instinkte,

Das Drachenpferd des I Ging

das Wunschverhaftetsein und die Emotionen des Körpers versinnbildlicht.*

Diese beiden Trigramme veranschaulichen das dualistische Wesen des Menschen. Sein Geist wird durch den Drachenkopf repräsentiert, sein Körper durch den Pferdekörper. Das I Ging benutzt häufig das Bild des Drachens, um die schöpferische Kraft
des Himmels zu symbolisieren, die physische Verkörperung als
Hilfsmittel der schöpferischen Kraft wird hingegen durch das
Pferd versinnbildlicht. Damit steht das Drachenpferd für einen
Menschen, der sein niederes physisches Wesen vollkommen zu
beherrschen gelernt hat. Die ägyptische Sphinx und der griechi-
sche Zentaur mögen Parallelerscheinungen aus den uns vertrau-
teren Kulturbereichen sein.

Die Konfiguration von Feuer über Wasser wird im Späten Himmel, mit dem das Drachenpferd in Verbindung gebracht wird,
wiederholt. In der Anordnung des Späten Himmels befindet sich
das Trigramm des Feuers im Süden, das Trigramm des Wassers
im Norden. In dieser Stellung erscheinen Feuer und Wasser auch
in der Lo-Karte (als Trigramme) und in der Karte vom Gelben
Fluß (als Wandlungszustände, bzw. Elemente). Auf diese Art
und Weise sind die vier Abbildungen von Drachenpferd, Spätem
Himmel, Lo-Karte und der Karte vom Gelben Fluß durch die
materiellen Aspekte von Feuer und Wasser miteinander verbunden; mit dem Frühen Himmel kommen sie jedoch, wie im folgenden Kapitel noch ausführlich dargelegt werden wird, nur
durch die immaterielle Zahlensymbolik der zum Himmel gehö-
renden Schildkröte in Verbindung.

Das Trigramm des Feuers steht für Bewußtheit, Sonne, Hitze,
Licht und ist mit der christlichen Vorstellung des Christus-
bewußtseins im Menschen vergleichbar, denn es stellt Selbstlosigkeit und das höhere Wesen dar. Dies wird durch die Tatsache,
daß es im Drachenpferd die obere Position einnimmt, noch betont. Dieses Trigramm steht außerdem für die Augen, die Licht
und Schönheit wahrnehmen, für das Herz, welches das Zentrum

---

* Zur Bedeutung dieser beiden Trigramme siehe in R. Wilhelm »Das Buch der
  Wandlungen«, S. 70 f. (Anm. d. Übers.)

von Wärme und Liebe ist und für den Verstand, der im Kopf angesiedelt ist, also für Kräfte und Fähigkeiten, die zur oberen Hälfte des physischen Körpers gehören. Beim Brennen bewegt sich das Feuer von der Erde weg, die Aufwärtsrichtung ist für es natürlich. Das Ideogramm dieses Trigramms zeigt, daß die Materie in das Netz des Geistes eingebunden ist und am Geistigen haftet:

```
——————————  Geist
———   ———   Materie
——————————  Geist
```

Im Gegensatz dazu versinnbildlicht das Trigramm des Wassers den in der Materie eingefangenen Geist:

```
———   ———   Materie
——————————  Geist
———   ———   Materie
```

Das Wasser, welches Wünsche und Emotionen repräsentiert, ist unbeständig und verwirrend und reflektiert oder bricht das wahre Bild. Das Trigramm symbolisiert auch den Mond, der nur ein Abbild oder eine Spiegelung des Sonnenlichts ist. Wenn wir eine Person als geistesgestört bezeichnen, dann meinen wir damit, daß es ihr an der »normalen« Wahrnehmungsfähigkeit oder Intelligenz mangelt. Damit verkörpert sie das Gegenteil all jener Eigenschaften, die wir oben mit dem Trigramm des Feuers in Verbindung gebracht haben. Derartige Störungen der normalen Wahrnehmungsfähigkeit werden vielerorts mit dem Mond oder der Wirkung des Mondes in Verbindung gebracht.* Wie schon durch die Tatsache angedeutet, daß das Trigramm des Wassers im Drachenpferd die untere Position einnimmt, steht es für das niedere Wesen, für Selbstsucht, Gier und sinnliches Verlangen. Es repräsentiert die unteren Organe des menschlichen Körpers: den Magen, der sich von der Erde ernährt, die Nieren und die

---

* Im Englischen wird die Verbindung zwischen Geistesgestörtheit und dem Mond durch das Wort *lunatic* unmittelbar offensichtlich. Die Autorin macht im Original auf diesen Zusammenhang aufmerksam. Im heutigen deutschen Sprachgebrauch gibt es jedoch kein Wort, das eine derartig direkte Beziehung herstellen würde. (Anm. d. Übers.)

Blase, die mit Wasser zu tun haben, den Darm, der Gifte und Exkremente ausscheidet, die ihrerseits dann auf die Erde fallen. Der natürliche Fluß des Wassers führt nach unten, Erde und Dunkelheit entgegen, weg vom Himmel und Licht. Wenn man nun die Trigramme Feuer und Wasser miteinander vergleicht, sollte man bedenken, daß sie nicht notwendigerweise Symbole von Extremen wie Gut und Böse sind, denn beide haben Yin- und Yang-Linien in ihrem Zeichen. In jedem Trigramm des I Ging ist sowohl Licht als auch Dunkelheit enthalten, denn selbst die starke Yin-Dunkelheit birgt in sich einen Lichtfunken, was in dem *T'ai chi tu* genannten Yin-Yang-Kreis durch einen weißen Fleck in der durchgehend schwarzen Fläche des Yin angedeutet wird. Trotzdem repräsentieren Feuer und Wasser im weitesten Sinne solche Gegensatzpaare wie Geist und Körper, das höhere und das niedere Selbst, Selbstlosigkeit und Selbstsucht, Intelligenz und Instinkt, Geist und Materie, Licht und Dunkelheit. Natürlich kann das Wasserelement, wie ein Fluß oder der Mond, Licht reflektieren. Es besitzt jedoch kein eigenes Licht.

Dies veranschaulicht die von vielen Okkultisten vertretene Theorie, daß Gott in die Materie hinabsteigt, in der das Bewußtsein geboren wird, ein Bewußtsein, daß nicht nur wachsam und ruhelos ist, sondern sich ebenso seiner selbst und – was vielleicht noch wichtiger ist – der Dinge und insbesondere der Menschen in seiner Umgebung gewahr werden muß.

In den Häusern des I Ging wird klar ausgesprochen, daß sich Gottes Geschöpfe im Haftenden, d. h. im Feuer $\equiv\!\!\equiv$ (dem Bewußtsein) gegenseitig erkennen (siehe S. 25 ff.).

C. G. Jung sagt, daß es die Aufgabe des Schmerzes ist, den Menschen seiner selbst gewahr zu machen. Schmerz wird von dem Trigramm des Wassers $\equiv\!\!\equiv$ dargestellt, welches für den Zustand der Unbewußtheit steht. Er wird durch Grausamkeit, Selbstsucht, Dummheit oder einen Mangel an Wissen verursacht. Aufgrund der gegebenen Unwissenheit kann man den Schmerz nicht abschaffen. All dies sind Aspekte der Abwesenheit einer tieferen, wahrhaft menschlichen Intelligenz.

Die Wandlung von Hexagramm 63 in Hexagramm 64 und von dort zurück zu Hexagramm 1 illustriert, wie der Mensch sich aus dem niederen in einen höheren Zustand erheben kann, so daß er wieder in das Reich des Himmels zurückkehren und sich mit dem Göttlichen vereinigen kann, aus dem er ursprünglich abstammt. Dies wird in Kapitel 5 noch ausführlicher erklärt werden. Dort werden wir uns mit dem Paradoxon der gespiegelten Hexagramme des I Ging und den gespiegelten Dreiecken der Kabbala beschäftigen, die dem Menschen zeigen, daß alle Dinge und Wesen nur eine Reflektion seiner Selbst sind und daß er nach dem Bild Gottes gemacht ist. Damit wird, wie wir in der Einleitung bereits bemerkten, auch offenbar, daß das I Ging eine Blaupause des menschlichen Geistes darstellt.

Hexagramm 64, das letzte Hexagramm des Buches der Wandlungen, besteht aus dem Trigramm des Feuers oben und dem Trigramm des Wassers unten.

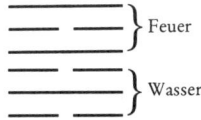

Es veranschaulicht damit das letzte Ziel des Menschen, den Zustand zu gewinnen, in dem sich das selbstlose, spirituelle Wesen über dem niederen physischen Wesen befindet und es beherrscht. Dann wird er sich in jenem Übergangsstadium befinden, das die eigentliche Bedeutung dieses Hexagramms ist. Er ist bereit, schöpferisch und himmlisch zu werden wie in Hexagramm 1 ☰, in dem der Drache der vollkommenen Befähigung durch den Himmel fliegt, und alle Menschen, die ihn sehen, ziehen daraus Nutzen.* So beginnt der Kreislauf der Hexagramme von Neuem, jedes Mal auf einer höheren Ebene der Spirale. Dies kann als ein Hinweis auf eine Wiedergeburt auf der Erde verstanden werden oder in christlichem Sinne auf eine Wiedergeburt in Christi oder als der Tod der körperlichen Hülle und die Geburt in die himmlischen Sphären. Wie wir es auch verstehen wollen, das I Ging lehrt uns, daß es niemals wirklich ein

---

* siehe dazu Text und Kommentare des I Ging zu Hexagramm 1.

Ende gibt und daß, wo ein solches Ende erscheinen mag, es nur eine Grenzlinie und ein Anfang für etwas Schöpferischeres und Besseres ist.

Es ist zu erwähnen, daß sich die Position der Trigramme für Feuer und Wasser, obgleich sie im Frühen als auch im Späten Himmel in gegenüberliegender Stellung bleiben, von der Ost-West-Achse zur Nord-Süd-Achse verschiebt.

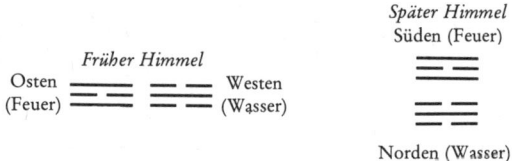

Ein äußeres Zeichen dieses Verhältnisses ist, daß der Mensch, das vernunftbegabte, bewußte Wesen ☲, aufrecht geht, wohingegen das Tier, das viel mehr von den Instinkten ☵ geleitet wird, sich auf allen Vieren fortbewegt. Wenn man diese Trigramme, wie schon erklärt wurde, dahingehend versteht, daß sie den menschlichen Körper repräsentieren, dann stellen sie den Körper entweder liegend, mit dem Kopf im Osten ruhend dar oder sie zeigen ihn aufrecht stehend. Wenn er sich in der Ruhe-(Ost-West) Lage befindet, ist er, da im Frühen Himmel, mit dem Denken oder dem spirituellen Dasein eins. Steht er jedoch aufrecht (d. h. befindet er sich in der Süd-Nord-Lage), dann befindet er sich im Späten Himmel und steht mit dem physischen Dasein in Verbindung.

Wenn die Trigramme des Schöpferischen ☰ (positiv) und des Empfangenden ☷ (negativ) als die Symbole des Frühen Himmels für das Feuer ☲ und das Wasser ☵ des Späten Himmels eingeführt werden, d. h. wenn der Späte Himmel über den Frühen Himmel gelegt wird, so daß die kosmischen Kräfte des Schöpferischen ☰ durch den menschlichen Geist ☲, und die des Empfangenden ☷ durch seinen physischen Körper ☵ hindurchscheinen, kann die Verbindung zwischen dem Menschen und den kosmischen Kräften folgendermaßen gesehen werden:

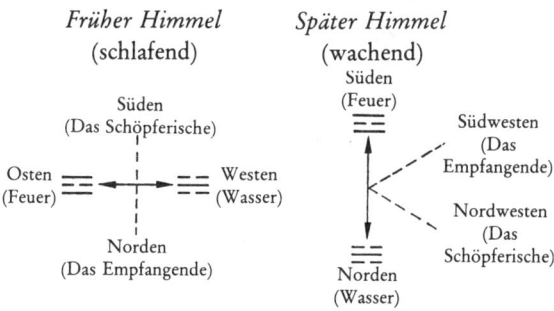

Wenn der Mensch ruht (Ost-West), d. h., sich in einem Zustand der Entspannung befindet, in dem er meditiert, betet, möglicherweise schläft oder nicht bei Bewußtsein ist, lebt er in der Welt des Frühen Himmels, der Welt des Denkens, wo die im Süden und Norden befindlichen positiven und negativen Kräfte ungehemmt durch ihn hindurchfließen können und ihn in einen Zustand des Einsseins mit dem T'ai Chi versetzen. Offensichtlich weist das I Ging uns damit an, mit dem Kopf nach Osten zu schlafen. Um eine Kontaktaufnahme mit dem Geist zu erleichtern, sind die christlichen Kirchen ja ebenfalls alle geostet.

Ist der Mensch dagegen aufrecht, wach, mit materiellen Bedürfnissen, dem Überlebenskampf usw. beschäftigt, dann hält er sich im Reich des Späten Himmels auf, wo die positiven und negativen Kräfte mit ihm nicht mehr in derselben Verbindung stehen, und es ist deswegen schwieriger, mit dem Geist in Berührung zu kommen. Trotzdem ist er nicht vollkommen vom Himmel abgetrennt. Wie die vorangegangene Abbildung, in der das Schöpferische und das Empfangende des Frühen Himmels hinter Feuer und Wasser stehen, zeigt, ist der Mensch immer noch in der Lage, über den Bereich des Denkens mit dem Geist in Verbindung zu treten.

Die Stellung des Schöpferischen und des Empfangenden im Nordwesten und Südwesten (des Späten Himmels) und ihre Verbindung zum Frühen Himmel läßt sich auch astrologisch erklären. (s. 147).

Da das Trigramm des Feuers sowohl ein Symbol für die Augen als auch für Licht und Bewußtsein ist, zeigt es an, wie verschiedene Bewußtseinszustände durch die Reaktion des menschlichen Auges auf das Licht offenbart werden können. Ein Beispiel: Die Augen bedeuten geöffnet ☲ Tag, Licht, Bewußtsein, und geschlossen ☵ bedeuten sie Nacht, Dunkelheit, Unbewußtsein. Die Stellung der Pupillen verändert sich im Schlaf, bei Bewußtlosigkeit und im Tod, und ebenso, wenn der Geist durch plötzliche Anfälle, Wahnsinn usw. befallen wird. (Feuer ist auch das Trigramm der Intelligenz.) Beim Träumen, d. h. in den Augenblicken, in denen das höhere Selbst die Steuerung übernommen hat oder ‚spricht‘, bewegen sich die Augen sehr schnell. Man bezeichnet dies technisch als die REM-Phase.*

Der Schlaf ist deswegen das Bindeglied, durch das mit dem Geist und den kosmischen Kräften ein Zustand des Gleichgewichts erlangt werden kann und ohne das der Mensch physisch gar nicht zu existieren vermag. Alles auf der Erde muß zu der einen oder anderen Zeit schlafen. Während des Winters, einer Zeit der Dunkelheit, ruhen die Pflanzen, und viele Tiere halten Winterschlaf. Während jeder Nacht ☵ (Mond) wendet sich die Erde selbst von der belebenden Kraft der Sonne ☲ ab. Wenn das Sonnenlicht also auch als der Urheber der sich entwickelnden Intelligenz und der langsam aufdämmernden Bewußtheit dargestellt wird, so ist der Schlaf doch ebenso lebenswichtig, denn er ist die Zeit der Erholung, der Zeitraum, in dem der Geist die Führung übernimmt, um zu verjüngen, zu verbessern und dem Leben allgemein in seiner Entwicklung beizustehen. Selbst die sogenannten unbelebten Dinge werden auf diese Art und Weise beeinflußt, denn T'ai Chi, das Absolute Höchste, ist in jedem Atom. Diese Verbindung ist ebenfalls das Geheimnis der Psychometrie, in der es möglich wird, die Schwingungen und die Geschichte eines Gegenstandes aufzunehmen, indem man ihn in den Händen hält und sich dem Bereich des Denkens überantwortet.

Vielleicht ist der Schlafzustand für den Menschen sogar von noch

---

* REM = rapid eye movement (schnelle Augen-Bewegung). (Anm. d. Übers.)

größerer Bedeutung als der normale Wachzustand. Im Schlafzustand ist der Mensch mit dem Geist in Verbindung und lebt in der Zeitlosigkeit. Er ist für das Gesamtmuster und den Sinn aller Erscheinungen offen. Die kosmischen Kräfte können frei durch ihn hindurchfließen und ihn physisch erfrischen, während er in dem sogenannten Wachzustand weder mit der Wirklichkeit noch mit dem Grund des Lebens in irgendeiner tieferen Berührung steht. Alles ist verzerrt, gespiegelt, verschleiert, trübe, irreführend, isoliert, unbekannt, und oftmals erscheint es sinnlos.

Die Einsicht des Menschen in wahre Sachverhalte ist beschränkt und behindert, es sei denn, er ist dazu in der Lage, sich durch Meditation und Konzentration in einen Zustand der geistigen Entspanntheit zu versetzen. Dann mag er, obwohl immer noch bei Bewußtsein, den Bereich berühren, in dem alles gewußt und sinnvoll ist.

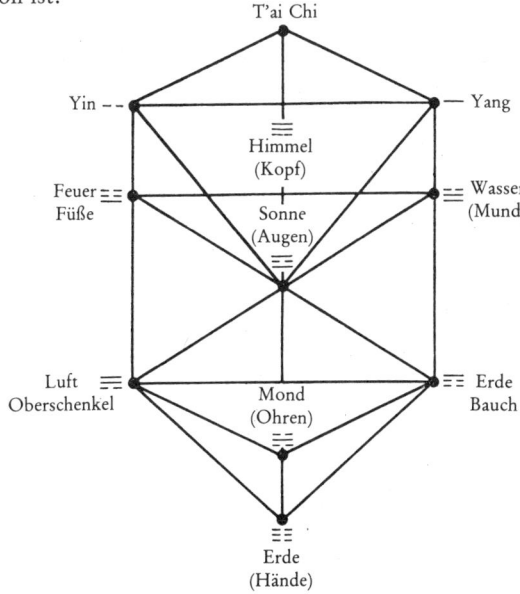

Diese Tafel stellt auch menschlichen Körper dar, der Ihnen gegenübersteht, d. h. die rechte Seite der Abbildung steht für die linke Körperhälfte.

Der chinesische Kosmos

Daraus könnte man schließen, daß das halbbewußte Dasein eines Mönchs oder Einsiedlers die ideale Lebensweise sei, doch ist eben diese Lebensweise eine Art Schwebezustand und nicht sichtbar kreativ. C. G. Jung betont, daß man nicht schöpferisch sein kann, wenn man sich in dünne Höhenluft zurückzieht.

Das Muster des chinesischen Kosmos enthält zwei Dreiecke, von denen das eine das geistige Leben des Menschen und das andere sein körperliches Spiegelbild auf der Erde darstellt. Dies deutet an, daß der Mensch zwar *auf* der Welt nicht jedoch *von* der Welt sein muß. Er kann nicht nur in den Sphären des Geistigen schweben und das physische Leben ignorieren und umgekehrt. Der einzig glückliche Weg ist der Weg zwischen den Extremen. Es ist der Weg, der sowohl durch das untere irdische Dreieck des Alltagslebens und des alltäglichen Leidens hindurchführt, in dem der Mensch über sein Begehren hinaus die spirituellen Bereiche anstreben muß, als auch durch das obere Dreieck, von dem Intelligenz und Licht nach unten reichen müssen, um die Erschöpften und Unwissenden emporzuheben.

Das ist die Lehre der kosmischen Dreiecke und des Paradoxons der umkehrbaren Hexagramme.

Das I Ging hebt den Wert des Mittleren Weges hervor, den es die Goldene Mitte nennt und betont damit die Notwendigkeit, alle extremen Verhaltensweisen zu vermeiden, um einen Zustand des Gleichgewichts zwischen den negativen und positiven kosmischen Kräften zu erreichen, von denen sich der Mensch niemals ganz ausschließen kann. Auch der Buddha lehrte seine Schüler, dem ,edlen mittleren Weg' zu folgen.

4 DIE SCHRIFT VOM FLUSS LO, DIE KARTE VOM GELBEN FLUSS UND DIE WANDLUNGSZUSTÄNDE

Die Lo-Karte und die Karte vom Gelben Fluß bestehen aus positiven, ungeraden Zahlen, die als weiße Punkte, und negativen, geraden Zahlen, die als schwarze Punkte dargestellt sind.
Der Grund dafür, daß die ungeraden Zahlen positiv sind und als heilig betrachtet werden – die Drei als ein Sinnbild der Dreieinigkeit, die Fünf als die Wandlungszahl, die Sieben als die Zahl der Vollkommenheit, sowie die anderen ungeraden Zahlen mit ihren jeweiligen Bedeutungen – besteht darin, daß bei jedem Versuch,

Süden

9
Feuer (Li)
(Das Haftende)

4

2

Holz, Luft
(Wind)

Erde (Yin)

Osten | 3

Holz
Das Erregende
Der Donner

Metall
(See)

7 | Westen

5
Wandlung

Erde
Der Berg

Metall
Yang

8

Wasser (Mond)
Das Abgründige
1

6

Norden

Die Schrift vom Fluß Lo (Schildkröte)

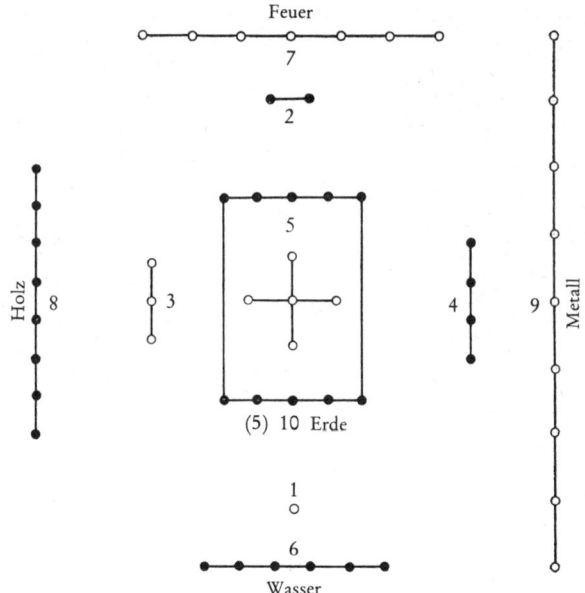

Die Karte vom Gelben Fluß (Drachenpferd)

sie in gleiche Teile zu zerlegen, die Monade oder das Eine (Gott) unbewegt zwischen den Gleichheiten stehen bleibt.

$3 = 1 + 1 + 1; \quad 5 = 2 + 1 + 2; \quad 7 = 3 + 1 + 3; \quad$ usw.

Damit ist also gesagt, daß jede Folge von ungeraden Zahlen die Anwesenheit des Geistes in der Materie offenbart.* Die schwarzen und weißen Punkte bilden ein spiralförmiges Muster, das in der Abbildung gegenüber noch deutlicher hervortritt. Im Zentrum befindet sich die ungerade Zahl Fünf, positiv, gut und deshalb weiß. Sie ist natürlich die Wandlungszahl und beherrscht das gesamte Muster, indem sie in die negative Kraft eintritt und sie in zwei Hälften teilt, d. h. die Zehn in zwei Fünfen aufteilt. Dies veranschaulicht, daß die positive Fünf, obwohl sie in der

---

* siehe F. Homer Curtiss, *The Key to the Universe,* Vol. 1, S. 61

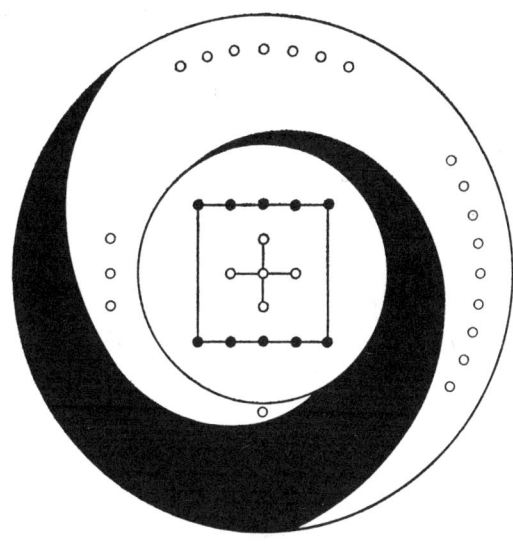

*Die Entwicklung des ordnenden Musters des I Ging aus der Karte
vom Gelben Fluß*

Lage ist, die negative Kraft zu wandeln, d. h. sie in ihre Bestand-
teile zerlegen kann, niemals ihr eigenes Wesen verändert. Die
beiden negativen Fünfen hingegen, die für die materielle Existenz
stehen, können nicht weiter aufgeteilt werden und tragen deswegen nicht die Kraft zu verwandeln in sich, da ein Eingriff der positiven Kraft ihren gegenwärtigen Zustand hervorgebracht hat.
Das heißt, daß die positive Yang-Kraft ungeteilt ist und trotzdem
auf Yin einwirken und es teilen kann. Die negative Yin-Kraft
hingegen, die zur Teilung fähig ist, kann jedoch im Gegensatz
dazu selbst nicht schöpferisch sein. Dies wird durch die Symbole
der undurchbrochenen Yang-Linie und der durchbrochenen
Yin-Linie veranschaulicht, denn diese Linien beschreiben das
Wesen der positiven und der negativen Kräfte, von denen die
letzteren nicht über die Macht des Schöpferischen verfügen.

Im Zentrum der Abbildung befindet sich ein weißer Strudel, in dessen Kern das T'ai Chi wohnt. Die negative schwarze Spirale, die sich um dieses Zentrum legt und die ohne die weiße positive Kraft lebensunfähig ist, muß sich von dem Weiß ernähren, bis es es schließlich aufzehren wird.

In dieser alldurchdringenden Dunkelheit lebt jedoch ein zentraler Lichtfunken, der sich in genau diesem Augenblick zu entwikkeln beginnt, so setzt das Morgengrauen z. B. um Mitternacht ein. Auf diese Art und Weise zerstört die Dunkelheit sich selbst und das Licht beginnt erneut zu wachsen. Dies ist der Prozeß der Enantiodromie (siehe S. 14 f.). Er wird durch das I Ging-Symbol versinnbildlicht, das uns in der Dunkelheit ein ‚Auge' des Lichts und im Licht Dunkelheit zeigt:

Die Karte vom Gelben Fluß beschäftigt sich hauptsächlich mit den Sinnen und mit den physischen Manifestationen der Wandlungszustände. Die Erde ist, wie schon erwähnt wurde, der einzige Wandlungszustand, der in zwei Hälften aufgeteilt wird, die in der Karte vom Gelben Fluß gegenüberliegen. Diese zwei schwarzen Fünfen der Erde ergeben zusammengezählt zehn. Diese Zahl Zehn erscheint nur in der Karte vom Gelben Fluß und nicht in der Lo-Karte. Die Zehn ist deshalb die Zahl der Erde und des Späten Himmels. In der Numerologie ist die Zehn die Zahl der Vollendung und steht dort z. B. für die Zehn Gebote und die zehn Sephira der Kabbala. Weitere Erklärungen zu dieser Zahl finden Sie in Kapitel 13.

Die Lo-Karte, die eher vom Reich des Denkens und der geistigen Existenz handelt, beschäftigt sich nicht mit der Erde selbst und auch nicht mit den wirklichen und konkreten Wandlungen, obwohl auch sie die beiden entgegengesetzten Trigramme enthält, die für die Erde stehen und die, wenn man ihren Zahlenwert wie eben ausgeführt zusammenzieht, zehn ergeben (dies trifft übrigens auch für alle anderen gegenüberliegenden Wandlungszustände der Lo-Karte zu). Jedes Paar von Zahlen besteht aus Zahlen, die ihrem Wert nach weniger als zehn sind und die Zahl Zehn selbst taucht in dieser Abbildung gar nicht auf. Die höchste Zahl des Geistes und des Frühen Himmels ist deswegen die Neun. Neun ist die Zahl der Nicht-Wandlung (siehe auch S. 25 und S. 77 f.), denn der Himmel ist unveränderlich, nicht-wandelbar. Auch zu dieser Zahl finden Sie in Kapitel 13 weitere Anmerkungen.

Wir können zusammenfassend also sagen, daß die Erde, weil Fünf die Wandlungszahl ist, durch eben diese Wandlungszahl in zwei Fünfen aufgespalten werden kann (Zwei ist die Zahl für Yin), die addiert die Zahl Zehn ergeben. Als Zehn ist die Erde deswegen teilbar. Ungeteilt ist sie vollkommen. Deswegen ist Zehn auch die Zahl der Vollkommenheit. Der Himmel hingegen ist unteilbar. Wenn die zentralen fünf weißen Punkte der Karte vom Gelben Fluß zu einer Reihe auseinandergezogen werden (anstatt ein Kreuz zu bilden), ergibt sich daraus die folgende Abbildung, die das Trigramm Wasser darstellt.

Wasser ist der erste Wandlungszustand.

Die obige Abbildung ist auch ein Sinnbild für die geschlechtliche Vereinigung, denn das Schöpferische (weiß) tritt in das Empfangende (schwarz) ein; das weibliche Geschlechtsorgan teilt sich, wenn das männliche in es eingeht, und muß sich dann bei der Geburt des Kindes, die einen weiteren Schritt im Schöpfungsakt darstellt, zum zweiten Male teilen. Das Eintreten des Pollens in eine Pflanze und die darauf folgende Spaltung der Samenhülsen ist ein ähnlicher Vorgang. Wenn der Regen und die Wärme der

Sonne, die vom Himmel kommen, in die Erde dringen, wird Leben geboren. Vielleicht steht sogar das mathematische Symbol für die Division —÷— damit in Verbindung.

Wenn der Same einmal in die Erde eingedrungen oder der Säugling geboren ist, dann ist Flüssigkeit das erste, dessen sie bedürfen. Regen ist der Urzustand von Flüssigkeit. So ist Wasser das erste Element, das den Wandel verursacht, oder, in der Terminologie des I Ging: Wasser ist der erste Wandlungszustand. ☵ ist jedoch nicht nur das Trigramm des Wassers, sondern stellt darüber hinaus auch die Ohren und damit Ton dar. Der Laut *Om* ist die Schöpfungssilbe der Hinduisten und Buddhisten. Und die Bibel sagt: »Am Anfang war das Wort«.

Der zweite Wandlungszustand ist Feuer ☲. Wie der Regen kommen auch das vom Trigramm des Feuers versinnbildlichte Sonnenlicht und seine Wärme vom Himmel zur Erde herab; d. h. das Schöpferische tritt in das Empfangende ein, und das Leben auf der Erde beginnt.

Die Trigramme des Feuers und des Wassers sind nicht nur bedeutsam, weil sie den bewußten Geist und das instinktive Verhalten darstellen, sondern auch weil sie mit ihren Entsprechungen im Frühen Himmel (dem Schöpferischen und dem Empfangenden) Ideogramme besitzen, die sich von den Ideogrammen der anderen vier Trigramme darin unterscheiden, daß sie bei ihrer Umkehrung nicht ihre Erscheinung verändern und durch ihre Umkehrung nicht zu einem anderen Trigramm werden:

Wasser ↑ ☵ oder ☵ ↓

Erde ↑ ☷ oder ☷ ↓

Feuer ↑ ☲ oder ☲ ↓

Himmel ↑ ☰ oder ☰ ↓

Die anderen Trigramme hingegen wandeln und verändern sich
bei ihrer Umkehrung nach dem folgenden Muster:

Donner ↑	wird zu	↓ Berg
Berg ↑	wird zu	↓ Donner
See ↑	wird zu	↓ Wind
Wind ↑	wird zu	↓ See

Die Wandlungszustände von Feuer und Wasser sind einmalig,
weil sie unabhängig voneinander wirksam sind, anstatt paarweise
wie die anderen vier Trigramme. Für die Wandlungszustände des
Feuers und des Wassers ☰☰ und ☰☰ gibt es also, wie in der
Lo-Karte zu sehen, jeweils nur ein Trigramm.

Die übrigen sechs Trigramme kommen in den anderen Wandlungszuständen als Paare folgendermaßen zum Tragen:

Der Wandlungszustand Holz besteht aus den Trigrammen

Wind ☰ und ☷ Donner.

Der Wandlungszustand Metall besteht aus den Trigrammen

Himmel ☰ und ☱ See.

Der Wandlungszustand Erde besteht aus den Trigrammen

Erde ☷ und ☶ Berg.

Dem Vorangegangenen können wir entnehmen, daß es zwei
vollkommen verschiedene Gruppierungen der Trigramme der
Wandlungszustände gibt: Auf der einen Seite Feuer und Wasser
und auf der anderen die Trigramme der übrigen Wandlungszustände.

Neben der Verkörperung des intelligenzbegabten Geistes und der instinkthaften Natur stellen Feuer und Wasser im Drachenpferd das höhere und das niedere Selbst dar, und folglich haben diese beiden besonderen Wandlungszustände mit dem Wesen des Menschen, seiner körperlichen Erscheinung und seinem Geist und mit seiner Verbindung zum Spirituellen zu tun; sie betreffen deswegen seine spirituelle, mentale und physische Evolution. In der Lo-Karte stehen diese beiden Trigramme im Norden und im Süden, und man kann demgemäß sagen, daß sie eine Zentralachse bilden wie ihre Entsprechungen des Frühen Himmels, das Schöpferische und das Empfangende. Außerdem liegen diese vier Trigramme in der zentralen Säule der Abbildung des chinesischen Kosmos übereinander (s. Abb. S. 43), worauf wir im einzelnen in Kapitel 5 eingehen werden. Diese beiden Trigramme beschreiben deswegen die inneren Wandlungszustände.

DIE ÄUSSEREN WANDLUNGSZUSTÄNDE

Die verbleibenden drei Wandlungszustände umfassen die anderen sechs Trigramme und beschäftigen sich mit den Bereichen, die außerhalb des Menschen liegen, und mit den Beziehungen des Menschen zu diesen Bereichen (siehe S. 72 ff.). Damit bilden sie die äußeren Wandlungszustände.

Die sechs Trigramme dieser drei Wandlungszustände manifestieren sich in den äußerlichen Formen von Himmel ☰, Erde ☷, Wind ☴ (der auch für Holz und das pflanzliche Leben steht), Donner ☳, Berg ☶ und See ☱. Die letzten vier repräsentieren die vier Elemente Luft, Feuer, Erde und Wasser, weil sie aus jenen Elementen *zusammengesetzt* sind. Der Blitz wird dabei als der Feueraspekt des Donners verstanden. Die beiden ersten Trigramme sind natürlich die beiden kosmischen Kräfte des Positiven und Negativen.

Diese Trigramme erscheinen zu beiden Seiten der Lo-Karte und bilden im Kosmos-Diagramm (siehe Abb. S. 43) die beiden äußeren Säulen.

Der dritte Wandlungszustand ist Holz und schließt sich unmittelbar an Wasser und Feuer an. Er ist nach den beiden inneren Wandlungszuständen der erste äußere Wandlungszustand, und kann demnach als eine Brücke zwischen den inneren und äußeren Wandlungszuständen angesehen werden. Er besteht aus den Trigrammen des Donners (auch als das Erregende bezeichnet) ☳ und des Windes (oder Holzes) ☴, die beide Symbole dynamischer Veränderungen und Bewegungen sind, denn das Trigramm des Erregenden versinnbildlicht beschleunigtes Wachstum und der Wind rasche Wandlung. Das Trigramm des Windes, das sich im Schildkröten-Diagramm vom Zentrum nach außen in die südwestliche Position bewegt, bringt nicht nur Bewegung hervor, sondern wird damit gleichzeitig zu der wirkenden Kraft, die die inneren und die äußeren Wandlungszustände miteinander verbindet.

Der vierte und der fünfte Wandlungszustand, Metall und Erde, sind im Verhältnis dazu eher inaktiv oder schwerfällig.

Im Wandlungszustand Metall ist das Schöpferische ☰ mit dem See, dem Symbol des Heiteren, ☱, gepaart. Obwohl der See aus Wasser besteht, repräsentiert er einen wesentlich vergeistigteren Zustand als das Trigramm des Wassers ☵, denn er enthält zwei Yang-Linien und nicht nur eine. Dieser Wandlungszustand ist seinem Wesen nach sehr männlich. Im Gegensatz dazu ist der fünfte Wandlungszustand, die Erde, wahrhaft weiblich und wird von den Trigrammen des Empfangenden und des Berges repräsentiert. Der Berg ☶, der sich aus der Erde ☷ erhebt und aus ihr besteht, ist dem Himmel näher und deswegen geistiger als die Erde, denn er enthält eine Yang-Linie in seinem Zeichen.

Da der Wandel Raum und Zeit gleichermaßen betrifft, spielt auch der Faktor Geschwindigkeit eine Rolle. Die folgende Darstellung zeigt das: In der ersten Spalte sind hier paarweise sechs Trigramme aufgeführt; das Schöpferische und das Empfangende wurden weggelassen. Sie erscheinen im Frühen Himmel, der sich auf ihre Zeit-Dimension bezieht; die Yin- und Yang-Linien sind jeweils entgegengesetzt.

Geschwindigkeit der Bewegung	Trigramme		Wandlungszustand
Bewegung auf der Erde in verschiedenen Geschwindigkeiten. (Ebenso Symbole für Regen und Sonnenlicht).	☵	Wasser	bilden gemeinsam die inneren Wandlungszustände des Feuers und des Wassers.
	☲	Feuer	
Liegen auf der Erde und bewegen sich nicht vom Fleck, unterliegen jedoch dem Prozeß der Wandlung.	☱	See	See vereint sich mit dem Schöpferischen zum Wandlungszustand Metall; Berg vereinigt sich mit dem Empfangenden zum Wandlungszustand Erde.
	☶	Berg	
Bewegung in verschiedenen Geschwindigkeiten durch den Himmel. (Ebenso Symbole für Holz und Wachstum auf der Erde).	☳	Donner	vereinigen sich zu dem Wandlungszustand des Holzes.
	☴	Wind	

Neben ihren vielen anderen Bedeutungen verweisen die Trigramme auch auf ihre Stellung innerhalb der Familie. Die Zuordnung der Trigramme zu ihrem jeweiligen Platz in der Familie variiert jedoch zwischen dem Frühen und dem Späten Himmel.

	Früher Himmel	Später Himmel	
Vater	☰	☰	unverändert
Mutter	☷	☷	
ältester Sohn	☳	☳	
älteste Tochter	☴	☴	
mittlerer Sohn	☵	☲	verändert
mittlere Tochter	☲	☵	
jüngster Sohn	☶	☷	
jüngste Tochter	☱	☴	

(*Anmerkung:* Die unterste Linie der Trigramme des Frühen Himmels bezeichnet das Geschlecht des Trigramms. Die ersten vier Trigramme bleiben in beiden Reihen unverändert, während die letzten vier ihr Geschlecht wandeln.)

Die ersten vier wandeln ihr Geschlecht deshalb nicht, weil sie die Ursache der Wandlung sind, und zwar in eben derselben Weise, in der auch das Denken (Früher Himmel) die Ursache der Wandlung ist. Die positive kosmische Kraft (Vater) und die negative kosmische Kraft (Mutter) springen beständig von Süd nach Nord und umgekehrt. Das Erregende (der älteste Sohn) und der Wind (die älteste Tochter) sind, wie der Leser bereits weiß, die dynamischen Wandlungskräfte. So überträgt z. B. jeder Elternteil auf sein gegengeschlechtliches Kind gewisse Erbanlagen; Mädchen ähneln in gewisser Hinsicht ihrem Vater, Jungen ihrer Mutter. Das älteste oder erste Kind weist normalerweise nie einen Rhesusfaktor auf, es kann ihn jedoch im zweiten Kind hervorrufen.

Bei den Trigrammen, die das Geschlecht verändern, achte man auf den Gebrauch des Wortes *mittlere(r)* im Zusammenhang mit dem zweiten Sohn und der zweiten Tochter; es sind die Trigramme der inneren Wandlungszustände, die die mittlere senkrechte Achse in der Lo-Karte bilden. Sie sind im Späten Himmel die Manifestationen der Trigramme des Schöpferischen und Empfangenden vom Frühen Himmel.

Die Trigramme des jüngsten Sohns und der jüngsten Tochter verbinden sich jeweils mit den Trigrammen des Schöpferischen und des Empfangenden zu den äußeren Wandlungszuständen von Metall und Erde (siehe Lo-Karte S. 29). Das Schöpferische und das Empfangende sind im Frühen Himmel die Entsprechungen von Feuer und Wasser, wie wir im Zusammenhang mit dem mittleren Sohn und der mittleren Tochter, die ebenfalls ihr Geschlecht umwandeln, bereits gesehen haben. Alle Nachkommen tragen Yang- *und* Yin-Linien in sich, d. h. sie sind eine Mischung aus den beiden Elternteilen, die entweder ganz Yang (männlich, Vater) oder ganz Yin (weiblich, Mutter) sind.

Es ist zu beachten, daß die Zahlen, die jedem der fünf Wandlungszustände zugewiesen werden, in der Lo-Karte und in der Karte vom Gelben Fluß voneinander abweichen.

9

4

2

3

7

8

6

1

Die Trigrammanordnung der Lo-Karte des Späten Himmels und die Zahlen, die jedem einzelnen Trigramm beigeordnet sind.

7

2

8   3   4   9

1

6

Die Zahlen, wie sie den oberen Trigrammen zugewiesen wurden. Die Trigramme sind nun jedoch in der Position angeordnet, wie es die Zahlen der Karte vom Gelben Fluß anzeigen.

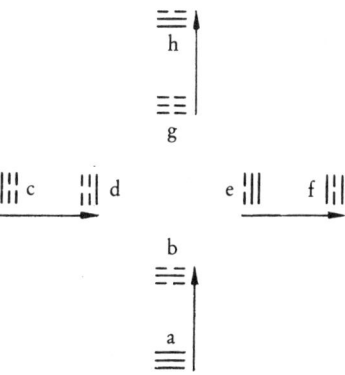

(Die Richtung der Pfeile zeigt die Interaktion von Yin und Yang an, die einmal nach außen und einmal nach innen verläuft und in abwechselnder Stellung positiv und negativ miteinander verbindet.)

Die Positionen der Trigramme sind mit jenen der vorangegangenen Abbildung identisch, nur wurden die Zahlen durch Buchstaben ersetzt, so daß die folgende Abbildung leichter zu verstehen ist.

Die Buchstaben zeigen die Trigramm-Anordnung des Späten Himmels und eine Rückkehr zur Lo-Karte an.

Die folgende Abbildung erklärt die Verbindung zwischen den Zahlen des Schildkröten-Diagramms und den Wandlungszuständen der Lo-Karte.

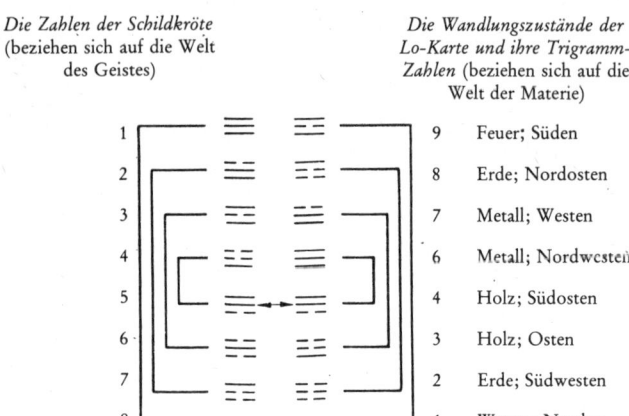

Die Zahlen der Schildkröte (beziehen sich auf die Welt des Geistes)

1	9	Feuer; Süden
2	8	Erde; Nordosten
3	7	Metall; Westen
4	6	Metall; Nordwesten
5	4	Holz; Südosten
6	3	Holz; Osten
7	2	Erde; Südwesten
8	1	Wasser; Norden

Die Wandlungszustände der Lo-Karte und ihre Trigramm-Zahlen (beziehen sich auf die Welt der Materie)

Linke Spalte: Die Schildkröte

Gegensätzliche Trigramme gehören zusammen. Deswegen betrifft diese Spalte den Frühen Himmel.

Sie werden sich sicher noch daran erinnern, daß in dem Kapitel über das Schildkröten-Diagramm bereits gesagt wurde, wie die Trigramme der Schildkröte, wenn in numerischer Anordnung plaziert, die Anordnung des Frühen Himmels ergeben würden. Wenn wir die obige Abbildung betrachten, ist dies vielleicht noch besser zu verstehen, denn die Summe der dort enthaltenen Zahlenpaare ist Neun (die Zahl des Himmels und der Nicht-Wandlung).

Da diese Abbildung sich jedoch auf das Denken und den Frühen Himmel bezieht, die die Werkzeuge der Wandlung sind, erscheint die Neun als Zahl selbst nicht. Statt dessen erscheint die Zahl Fünf, die Zahl der Wandlung.

Rechte Spalte: Lo-Karte

1. Die einander entgegengesetzten Himmelsrichtungen sind miteinander verbunden; d. h. Norden mit Süden, Osten mit Westen, etc.
2. Die inneren Wandlungszustände von Feuer und Wasser sind miteinander verbunden.
3. Die äußeren Wandlungszustände der beiden Erdtrigramme sind miteinander verbunden.
4. Die äußeren Wandlungszustände von Metall und Holz treten paarweise auf.

Die Summe der Zahlenpaare in dieser Spalte ist zehn, die Zahl der Erde, die als fünf plus fünf gewandelt werden kann. Die Zahl Fünf taucht selbst nicht auf, weil die Abbildung, da sie den Späten Himmel und die physische Existenz betrifft, die selbst ohne die Macht des Himmels und des Denkens (Früher Himmel) zur Wandlung nicht fähig sind, statt dessen die Zahl Neun enthält. Der Wind (das Trigramm der Wandlung) ist das einzige Trigramm, das in beiden Spalten dieselbe Stellung einnimmt. Indem es als Zahl Fünf im Frühen Himmel (linke Spalte) die zentrale Stellung einnimmt (zentral auch in der Schildkröten-Anordnung selbst, die ja auf den Frühen Himmel verweist), bewegt es sich hinüber zur rechten Spalte, verbindet die Zahlen Vier und Sechs und bildet eine Brücke zwischen dem Frühen und dem Späten Himmel.

So ergeben vier plus fünf (links) neun (Himmel) und sechs und vier (rechts) zehn (Erde). Neun ist eine positive ungerade Zahl, eine Zahl des Himmels (Früher Himmel) und Yang. Zehn ist eine negative gerade Zahl, eine Zahl der Erde (Später Himmel) und Yin.

Überdies bringt diese Verbindung zwischen den beiden Spalten Holz, den dritten Wandlungszustand (oder den ersten der äußeren Wandlungszustände) mit dem vierten, Metall, in Verbindung. Die Trigramme ☳ (4) und ☴ (5) links oder (3) und (4) rechts ergeben Holz, und die Trigramme ☲ (6) und ☵ (7) rechts ergeben Metall. Die Verbindung zwischen Wasser und Feuer (als den ersten beiden [inneren] Wandlungszuständen) mit Holz (dem dritten Wandlungszustand und gleichzeitig ersten äußeren Wandlungszustand) ist bereits auf S. 53 erklärt worden.

positiv   negativ

1 und 6 bringen Wasser im Norden hervor
(erster Wandlungszustand)

7 und 2 bringen Feuer im Süden hervor
(zweiter Wandlungszustand)

3 und 8 bringen Holz im Osten hervor
(dritter Wandlungszustand)

9 und 4 bringen Metall im Westen hervor
(vierter Wandlungszustand)

5 und 10 bringen Erde im Zentrum hervor
(fünfter Wandlungszustand)

In dieser Übersicht wird die umkehrende Wirkungsweise von Yin und Yang aufgezeigt, die die Wandlungszustände der Karte vom Gelben Fluß hervorbringt.

(*Anmerkung:* Die Erde ist der fünfte Wandlungszustand und nimmt das Zentrum ein (siehe S. 136). Fünf ist die Zahl der Wandlung und nimmt im Schildkrötendiagramm die zentrale Position ein. Die Wandlung findet im Zentrum des Frühen Himmels und auf der Erde am Äquator statt.)

Die Yin- und Yang-Kräfte wechseln in der obigen Darstellung folgendermaßen hin und her:

1 (+) und 6 (−)
   2 (−) und 7 (+)
     3 (+) und 8 (−)
       4 (−) und 9 (+)
         5 (+) und 10 (−).

Die Zehn wird dann wiederum geteilt und kehrt zu Yang, dem Schöpferischen oder der 1 (+), zurück usw.*

Das heißt, daß Yin durch die Teilung in zwei Hälften schöpfe-

---

* 6 (−) über 2 (−) veranschaulicht, daß Gleich und Gleich einander anziehen;
10 (−) und 1 (+) veranschaulichen, daß Gegensätze einander anziehen.

risch wird. Das Negative bringt das Positive hervor. Dunkelheit gebiert Licht (siehe S. 48 f.).

Wie schon früher erwähnt wurde, ist die Richtung des Uhrzeigersinns aufbauend, wohingegen die Richtung gegen den Uhrzeigersinn zerstörerisch ist. Dies mag aus der folgenden Aufstellung ersichtlich werden, in der die Wandlungszustände in derselben Reihenfolge aufgeführt werden wie in der Karte vom Gelben Fluß: Wasser, Holz, Feuer, Erde und Metall.

Wasser gebiert Holz	
Holz gebiert Feuer	
Feuer gebiert Erde	schöpferisch
Erde gebiert Metall	(im Uhrzeigersinn)
Metall gebiert Wasser	

Metall zerstört Erde	
Erde löscht Feuer	
Feuer verbrennt Holz	zerstörerisch
Holz nimmt Wasser auf	(gegen den Uhrzeigersinn)
Wasser rostet Metall	

Dies zeigt, wie bedeutsam es ist, sich in der Richtung des Uhrzeigersinns zu bewegen, wenn man mit der Einwirkung von Kräften – welcher Art auch immer – zu tun hat.

Neben den zuvor erwähnten Richtungen gibt es auch noch eine Aufwärts- und Abwärtsbewegung, denn das Positive tendiert dazu aufzusteigen, während das Negative dazu neigt zu sinken. Anhand des Drachenpferd-Trigramms des Feuers (das höhere Selbst) sahen wir, daß es nach oben brennt, während das Drachenpferd-Trigramm des Wassers (das niedere Selbst) nach unten fließt. Es gibt noch eine ganze Reihe von alten Symbolen, die Ähnliches zum Ausdruck bringen.

Was offen ist und deswegen von allen gesehen werden kann, ist positiv, denn es ist vereint und besitzt keine Trennwände, wohingegen ein geschlossenes, verborgenes Ding negativ ist, weil es das Innere und das Äußere voneinander trennt. Die geschlossenen Vierecke und schwarzen Punkte im Gegensatz zu den offenen weißen Linien in der Lo-Karte (S. 45) sind dafür ein Beispiel. Ein aufrechtes Kreuz + ist positiv, ein diagonales × negativ. Wenn man die positiven Zahlen der Lo-Karte von den negativen trennt, werden einige dieser okkulten Wahrheiten enthüllt, (siehe dazu die Darstellungen auf den nächsten zwei Seiten).

Die Zahlen steigen in ihrer Reihenfolge in Richtung Himmel und bilden dabei ein Kreuz, das nach außen gerichtet ist. Dieses Kreuz symbolisiert die Gestalt eines Mannes, der die Arme in der Geste des Willkommenheißens oder Gebens weit ausbreitet. Es verbindet die vier Haupthimmelsrichtungen im Mittelpunkt, der die Wandlung beherrscht.

Aber nicht nur die alten chinesischen Weisen, sondern auch die vergleichsweise viel jüngeren Christen verstanden offensichtlich die ungeheure Bedeutung des positiven Symbols des Kreuzes mit seiner Macht, die alles zum Guten wandelt, und der Zahl Fünf (der Wandlungszahl) in seinem Zentrum. Dieses Kreuz kann das begrenzte Selbst, das von der Zahl Eins versinnbildlicht wird, in das grenzenlose Nicht-Selbst (und grenzenlose Selbstlosigkeit) verwandeln, das durch die sich nicht wandelnde Zahl Neun, die Zahl der Einweihung, repräsentiert wird. Diese Erkenntnis mit ihrer magischen Kraft wurde vor den neugierigen Blicken jener, die sie mißbrauchen konnten, verborgen gehalten. Ihre wahre innere Bedeutung wurde in einer Geheimsprache kodifiziert und enthüllte sich nur jenen, die sie verstehen und ihre dynamische Kraft in angemessener Weise anwenden konnten.

Der Süden und der Ort des Lichts
(Die endgültige Einweihung in den Dienst
am Nächsten; Brüderschaft
und Selbstlosigkeit)
(Das Intuitive)*

9

3   5   7

(Wandlung)

1
Der Norden
(»Ich bin«; das Selbst und
der Ort der Dunkelheit)
(Das Instinktive)

Positive, himmlische, ungerade, weiße Zahlen

oder

Bewegungen in der vorigen Anordnung

---

* Mehr ins einzelne gehende Ausführungen zur Zahlen-Symbolik sind in Kapitel
13 zu finden.

Die Begrenztheit der Materie und aller materiellen Existenz und ihre alles begrenzende Beschäftigung mit dem Selbst und dem Überlebenskampf ist in der folgenden Anordnung dargestellt:

Negative, irdische, gerade, schwarze Zahlen

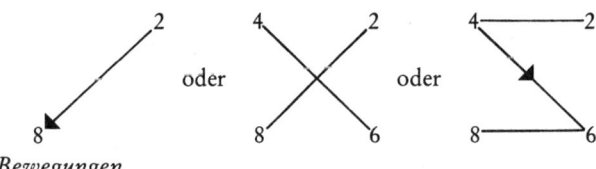

Bewegungen

Die Zahlen fallen der Erde entgegen, bilden ein eingegrenztes und eingrenzendes Viereck, und da ihnen der zentrale Brennpunkt fehlt, sind sie nicht in der Lage, sich ohne die transformierende Kraft des Himmels zu wandeln.

Zusammengezählt ergeben die sich gegenüberliegenden Zahlen in beiden Kreuzen die Summe Zehn, welches die Zahl der Vollendung ist. D. h., das vertikale Kreuz des Himmels wird das diagonale Kreuz der Erde aufheben. Dies ist ein Symbol für die innere mystische Wahrheit der Vergebung der Sünden mit Hilfe des Kreuzes. Also:

1 und 9 oder 3 und 7 mit ihrer positiven Ausrichtung +

4 und 6 oder 2 und 8 mit ihrer negativen Ausrichtung ×.

Übereinandergelegt bilden die beiden Kreuze jedoch das Zeichen

das im Tarot der achtzackige Stern der Magi (oder Venus) oder der ,l'étoile flamboyante' der Freimaurer ist.

Die negativen Zahlen können jedoch nicht nur ein diagonales Kreuz oder ein Viereck bilden, sondern auch einen Kreis, wie im runden Panzer der Schildkröte versinnbildlicht.

Indem also dergestalt positiv mit negativ verbunden wird, erscheint das Symbol des Kreuzes in einem Kreis. Dies ist das Grundmuster der heiligen Mandalas.*

Die Bedeutung dieses Symbols ist jedem, der mit den Geheimwissenschaften auch nur ein wenig vertraut ist, wohlbekannt, und es wird auch im Rahmen des heiligen Abendmahles verwandt, dessen Hauptzweck die Vergebung der Sünden ist.

---

* Beispiele europäischer Mandalas sind zu finden in C. G. Jung/Richard Wilhelm, *Das Geheimnis der Goldenen Blüte*, Olten und Freiburg, 1981 (14. Auflage), Bildtafeln 1 bis 10. Eine eingehende Besprechung der Mandalasymbolik unter dem Blickwinkel der Jungschen Psychologie ist enthalten in: C. G. Jung, *Mandala – Bilder aus dem Unbewußten*, Olten und Freiburg, 1977; und in: C. G. Jung, *Psychologie und Alchemie*, Gesammelte Werke Band 12, Olten und Freiburg 1972, S. 118–265. (Anm. d. Übers.)

5 DER SEFIROT-BAUM DER KABBALA, DAS CHINESISCHE KOSMOS-DIAGRAMM, DAS GEHEIMNIS DER GOLDENEN BLÜTE UND DIE ERWECKUNG DER KUNDALINI-KRAFT

Die Darstellung auf S. 43 zeigt uns den chinesischen Kosmos mit seinen drei Grundpfeilern und mehreren Dreiecken, die zahlenmäßig mit den drei Pfeilern übereinstimmen. Zwei dieser Dreiecke sind besonders wichtig. Diese auf den Zahlen Zwei und Drei aufbauende Symbolik steht für Yin und Yang und wird bei der Befragung des I-Ging durch das Münzorakel benutzt. Die Summe von zwei und drei ist fünf, die Wandlungszahl. Die Darstellung ist folgendermaßen zu verstehen:

DIE DREIECKE

Alle Dreiecke reflektieren einander. Von den zwei bedeutendsten stellt das höchste, das mit der Spitze nach unten weist, die Dreieinigkeit Gottes dar – Macht (Vater), Weisheit (Mutter oder Heiliger Geist) und Liebe (Sohn), die sich über die Menschheit verbreiten.

Das unterste Dreieck, dessen Spitze nach oben zeigt, repräsentiert die Dreieinigkeit des Menschen – Seele, Geist und Körper –, die nach oben strebt, um ein wahres Spiegelbild des oberen Dreiecks zu werden. Wenn diese beiden Dreiecke übereinander zu liegen kommen, bilden sie den sechseckigen Davidsstern, das Siegel Salomos:

DER MITTEL-PFEILER

Der mittlere Pfeiler des chinesischen Kosmos-Diagramms steht für den Menschen, der zwischen den beiden obengenannten

Dreiecken steht und lernt, die Kräfte des Positiven und des Negativen in sich auszugleichen, ein Prozeß, der durch die Trigramme des Schöpferischen und Empfangenden sowie durch die Trigramme des Feuers und des Wassers (die Trigramme der inneren Wandlungszustände) dargestellt wird. Das Symbol des Feuers über dem Wasser in dieser Säule beschreibt das Hexagramm 64 ☲☵, das als Drachenpferd das sich entwickelnde Bewußtsein des Menschen darstellt, seine Evolution und die Erweckung des Kundalini-Feuers. Dieses innere Feuer bewegt sich aus seiner Stellung in der unteren Position in Hexagramm 63 ☵☲ in die obere Position von Hexagramm 64 ☲☵

Mit anderen Worten, es steigt vom unteren Ende der Wirbelsäule zum Kopfzentrum auf, ein Hinweis auf die Beherrschung der Begierden, Instinkte und unbewußten Handlungen durch das Bewußtsein. Ein Yogi lernt, seine unwillkürlichen Körperfunktionen wie Atmung, Herzschlag und Kreislauf bis zu dem Punkt zu beherrschen, an dem er ein simuliertes Todeserlebnis hat. Nur wenn er seinen Selbsterhaltungstrieb und seine anderen Triebe zu kontrollieren gelernt hat, kann der Mensch dazu fähig sein, sein Leben anderen zu opfern.

Der Weg der Evolution, die zum Schöpferischen, zu Hexagramm 1, dem Symbol des ganz und gar Positiven oder des Himmels führt, verläuft gemäß den Lehren des I Ging über das wahre Bewußtsein. In anderen Worten ausgedrückt heißt dies, daß dieser Weg und die Erlangung vollkommener Beherrschung über die primitiven Instinkte und Begierden, wie sie in Hexagramm 64 ☲☵ dargestellt wird, identisch sind. Da dieses Hexagramm zudem das letzte Hexagramm des I Ging ist, knüpft es automatisch wieder an Hexagramm 1, das Schöpferische, an, denn ein Ende gibt es nicht.

Die Mineral- und die Pflanzenwelt der Erde sind von unsagbarer Schönheit, in mancher Hinsicht sogar beinahe vollkommen, doch gehören sie ganz und gar zum Reich des Physischen und Instinktiven, und ihr Leben vollzieht sich im Unbewußten ☰☰,* obwohl sie natürlich den Keim des Bewußtseins in sich tragen, mit anderen Worten den Gegenpol des Unbewußten ☰☰.

Schönheit wird durch das Trigramm Feuer ☰☰ zum Ausdruck gebracht. Der anziehendste Teil eines Baumes oder einer Pflanze allgemein ist die Blüte in der Baumkrone oder an der Spitze der Pflanze, welche ihr Geschlechtsorgan ist. Pflanzen werden deswegen durch das Hexagramm 64 versinnbildlicht:

———— Blume
—— —— Schönheit, Feuer (wächst dem Licht entgegen)
—— —— Wurzel
—— —— dunkel, schwer, Wasser (wächst dem Wasser entgegen)

Beim Menschen ist das Geschlechtsorgan in die untere Körperhälfte gesunken, wo es von Wünschen und Begierden dominiert wird. Dies ist in Hexagramm 63 symbolisiert:

———— Wünsche, Begierden, Emotionen

———— das unterworfene höhere Selbst

Der Mensch muß deshalb lernen, diese Bewußtseinskraft wieder in die obere Position, d. h. zum Kopfzentrum zu erheben. Die Bewußtseinskraft muß also dieselbe Position einnehmen, die sie im unbewußten, unwissenden oder instinktiven Zustand der Blüte einer Pflanze innehatte. Tatsächlich spricht man in den Geheimwissenschaften und in bestimmten Religionen von diesem entwickelten Bewußtseinszustand als einer Blüte, z. B. der ‚Goldenen Blüte‘ oder dem ‚Tausendblättrigen Lotus‘. Dieser Prozeß illustriert den Abstieg Gottes in die Materie und die schließliche Vereinigung von Mensch und Gott.

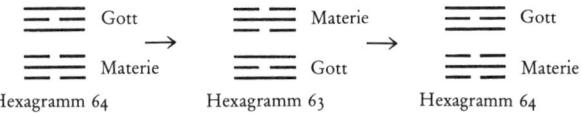

| Hexagramm 64 | Hexagramm 63 | Hexagramm 64 |

———— Gott   ———— Materie   ———— Gott
→   →
———— Materie   ———— Gott   ———— Materie

Hexagramm 64   Hexagramm 63   Hexagramm 64

* ☰☰ ist die Manifestation von Yin ☰ ☰ im Späten Himmel. Yin ist statisch. ☰☰ Yang symbolisiert Bewegung. Deswegen können die Pflanzen auch nicht einfach umhergehen.

Das Zeichen des Feuers ☲ verweist auch auf die Augen. Wenn das Dritte Auge (welches sich etwas oberhalb der Augenbrauen auf einer Linie zwischen dem Mittelpunkt der Stirn und der Nasenwurzel befindet) geöffnet ist, d. h. wenn der Mensch wirklich bewußt und hellsehend geworden ist, wandelt sich dieses Zeichen in das Schöpferische (Himmel), indem die Yin-Linie in der Mitte ☲ zu einer Yang-Linie wird ☰. Hinter dem Trigramm des Späten Himmels ☲ steht das Trigramm des Frühen Himmels ☰. Indem so das Schöpferische in das Empfangende eingeht, beginnt der Kreislauf von neuem.

Es ist eine Tatsache, daß sich das Kernzeichen jedes beliebigen Hexagramms nach spätestens zwei Entwicklungsschritten in Hexagramm 1, 2, 63 oder 64 wandeln wird.[*]

Diese vier Hexagramme repräsentieren die inneren Wandlungszustände und die zentrale Säule des chinesischen Kosmos-Diagramms. Ihre Bedeutung im Hinblick auf die Entwicklung des Menschen kann nun vielleicht besser verstanden und gewürdigt werden.

---

[*] Die Autorin behandelt die Rückführbarkeit der Kernzeichen auf die Hexagramme 1, 2, 63 und 64 in einem früheren Buch. Sie schreibt dort:
»... Damit ist also erklärt, warum die vier Hexagramme 1, 2, 63 und 64 am Beginn und am Ende der traditionellen Anordnung der Hexagramme erscheinen ... Jedes Hexagramm ist demnach entweder mit Schöpfung und Empfängnis oder mit Vollendung und Übergang verbunden.
... im Himmel (Hexagramm 1) und auf der Erde (Hexagramm 2) vollzieht sich die Wandlung der Erscheinungen immer von einem Übergangszustand (Hexagramm 64) zum Höhepunkt (Hexagramm 63) und von dort wieder zu einem erneuten Übergang.
Man wird beobachten können, daß die Hexagramme, die (aufgrund ihrer Kernzeichen) mit dem Schöpferischen enden, in diesem Hexagramm verweilen; ebenso verweilen die Hexagramme, die im Empfangenden enden, in Hexagramm 2. Das heißt, sie sind statisch und bleiben auf ewig entweder positiv oder negativ. Jene Zeichen hingegen, die auf Hexagramm 63 (Nach der Vollendung) enden, d. h. sich in einem Zustand der Vollkommenheit und des Gleichgewichts befinden, wandeln sich in Hexagramm 64 (Vor der Vollendung); sie gehen in einen Übergangszustand über. Von dort oszillieren sie für immer zwischen diesen beiden Zeichen hin und her.« Diana ffarington Hook, *The I Ching and You*, London und Boston, 1973, S. 77.
Um diese Ausführungen sichtbar aufzuzeigen ist im Anhang eine Tabelle aufgeführt, die einen Überblick über alle 64 Hexagramme und ihre Kernzeichen gibt (siehe S. 169 f.).
Zu den Kernzeichen siehe auch in: R. Wilhelm, *I Ging*, S. 329 f; und in: R. L. Wing, *Das Arbeitsbuch zum I Ging*, Köln und Düsseldorf, 1980, S. 24 f. (Anm. d. Übers.)

Im Garten Eden (Später Himmel) konnten Adam ☰ und Eva ☷ sehen ☲ (Augen, Bewußtsein), daß sie nackt waren (sich in einem primitiven, instinktiven Zustand befanden)☵, weil sie von der Frucht (Später Himmel) des Baumes (Früher Himmel) der Erkenntnis ☲ (Bewußtsein) von Gut ☰ und Böse ☷ (Yang und Yin)* gegessen hatten. Gott fragte Adam: »Wer sagte Dir, daß Du nackt bist?«** Dies ist das Gleichnis vom Erwachen des Bewußtseins.

Die positiven und negativen Zeichen in dieser zentralen Säule des Lebensbaumes können mit den umeinandergeschlungenen Schlangen des Heroldsstabes von Merkur, dem Götterboten, verglichen werden. Merkur ist der Planet unseres Sonnensystems, der sich am schnellsten um die Sonne bewegt. Die Astrologen verbinden mit ihm insbesonders Bewegung und die Zahl Fünf, die Wandlungszahl des I Ging.

In dieser Säule ist der Himmel oben, das Feuer symbolisiert die Sonne darunter, unter ihr steht der Mond und am untersten Ende folgt schließlich die Erde.

In der Karte vom Gelben Fluß sind Feuer und Wasser durch die Zahl Fünf in der Mitte voneinander getrennt. Gemeinsam mit ihren Entsprechungen im Frühen Himmel, dem Schöpferischen und dem Empfangenden, erscheinen Feuer und Wasser im Kosmos-Diagramm, um den Grundriß für das Zentrum des Sonnensystems zu bilden. Venus wird dabei jedoch ausgelassen.

☰	Himmel
☲	Sonne
5	Merkur
☵	Mond
☷	Erde

Immanuel Velikowsky mag durchaus recht haben, wenn er in seinem Buch *Welten im Zusammenstoß* behauptet, daß die Venus in unserem Sonnensystem nicht am richtigen Platz ist.

---

* Das Schöpferische ☰ und das Empfangende ☷ sind im Frühen Himmel die Entsprechungen von Feuer ☲ und Wasser ☵
** Siehe: Moses I/3, 11.

Sie ist seiner Ansicht nach ein riesiger Meteor, der mit der Erde zusammenstieß. In ihrer gegenwärtigen Stellung im Sonnensystem ist sie der von der Erde zur Sonne hin nächstliegende Planet, während Mars unser Nachbarplanet auf der anderen Seite unserer Kreisbahn um die Sonne ist. Nach Meinung der geheimen Wissenschaften (einschließlich der Astrologie), dienen diese beiden Planeten dazu, auf der Erde eine Verkörperung des männlichen und des weiblichen Geschlechts zu ermöglichen. Die astrologischen Zeichen für Mars ♂ und Venus ♀ werden auch in anderen Bereichen häufig zur Kennzeichnung von männlich und weiblich benutzt.

In dieser Rolle nun sind Venus (wie auch Mars) im chinesischen Kosmos-Diagramm ausgelassen worden, erstens, weil dieses Diagramm nicht vornehmlich von der Astronomie handelt, und zweitens, weil Venus und Mars durch die bereits gegebenen Yin- und Yang-Symbole ausgedrückt werden können.

Velikowsky entwickelt die Theorie, daß irgendein Meteor oder Planet mit der Erde kollidierte und deswegen für den Tag verantwortlich sein könnte, an dem die Sonne stillstand.* Er führt dann noch andere Geschehnisse der biblischen Geschichte an, die bisher unerklärlich waren, und bringt sie mit diesem Ereignis in Zusammenhang. Er macht auch auf die Tatsache aufmerksam, daß unser Sonnenjahr eine derartig seltsame Anzahl von Tagen aufweist, während ältere Kalender nur 360 Tage kannten. Das I Ging beschäftigt sich mit Kreisen, die ein Vielfaches von Acht sind, und auch die geometrische Progression von Zwei (Yang und Yin) besitzt keinerlei Affinität zu der Anzahl von 365 1/4 Tagen im Jahr. Ein Kreis hat 360°, und diese Anzahl von Tagen in einem Jahr würde mit der mathematischen Exaktheit, die wir aus vielen anderen Strukturen und Mustern des Universums kennen, sicherlich viel eher übereinstimmen.

Manche Wissenschaftler nehmen an, daß Pluto, obwohl er sich an der Peripherie unseres Sonnensystems befindet, wegen seines Verhaltens und seines Wesens eigentlich zu den schnellbeweglichen Planeten in der Nähe der Sonne zählen müßte. Auch er erscheint deswegen aus irgendeinem Grund am falschen Platz.

* siehe Jesaia 10, 13.

Die vorangegangene Abbildung von der Trigramm-Anordnung, die das Sonnensystem repräsentiert, veranschaulicht, wie die Sonne aus dem Himmel, der Mond aus der Sonne und die Erde aus dem Mond entstand (und nicht, wie allgemein angenommen, der Mond aus der Erde). Manche Geheimwissenschaften sind der Ansicht, daß die Tiere zuerst auf dem Mond ☵ lebten[*]; später sind sie dann in die Wasser der Erde ☵ hinabgestiegen, aus denen sie als instinktverhaftete Wesen ☵ auftauchten und sich schließlich zum Menschen, dem mit einem Bewußtsein begabten Wesen ☵, entwickelten.

Die Verbindung zwischen Mond und Wasser ist aus dem Einfluß des Mondes auf die Gezeiten ersichtlich. Der Mond ist auch Symbol für die Frau, weil der zunehmende Mond das Anschwellen des Leibes während der Schwangerschaft und der abnehmende Mond den Zustand nach der Geburt versinnbildlicht, außerdem hat er wie die Frau einen 28-Tage-Zyklus.

DIE BEIDEN ÄUSSEREN SÄULEN

Die eine Säule ist Yang, die andere Yin. Die linke Körperhälfte des Menschen soll Yang sein, die rechte Yin. Diese Säulen enthalten die Trigramme der äußeren Wandlungszustände. Deshalb unterscheiden sie sich ihrem Wesen nach von Wandlungszuständen in der mittleren Säule und sind mehr dem physischen Körper des Menschen und seiner Umwelt gewidmet, als den Kräften, die in seinem Inneren miteinander kämpfen. Sie können jedoch auch als Symbol für die erfahrungsorientierte Persönlichkeit verstanden werden, für die Persönlichkeit, die zwischen sich selbst und der Welt eine Verbindung und einen sinnvollen Zusammenhang herstellt (siehe S. 52).
Wie den Trigrammen des Schöpferischen, des Empfangenden und der inneren Wandlungszustände sind auch den Trigrammen der äußeren Wandlungszustände bestimmte Körperteile zugeordnet. (Dschen/Donner = Fuß; Gen/Berg = Hand; Sun/Wind

---

[*] Wasser ist der erste Wandlungszustand.

= Oberschenkel; Dui/See = Mund).* Die Säulen enthalten auch die vier Elemente, und wir haben im Vorangegangenen bereits diese ungewöhnliche Bezeichnung für die Trigramme erklärt.

Dieses chinesische Kosmos-Diagramm legt einen Vergleich mit dem Lebensbaum der Kabbala nahe, denn ihr Aufbau und ihre Symbolik deuten verblüffende Ähnlichkeiten an. Beide enthalten obere und untere Dreiecke, in denen sich die Dreieinigkeit von der Macht, Weisheit und Liebe (Gottes) und von der Seele, dem Geist und dem Körper (des Menschen) spiegelt. Jeder von den im Lebensbaum der Kabbala gebrauchten Begriffe kann mit den Bedeutungen der seiner Stellung entsprechenden I-Ging-Trigramme verglichen werden. Also:

Chochma ist männlich ☰, Weisheit (Das Schöpferische).

Bina ist weiblich ☷, das Verstehen (Das Empfangende).

Chessed repräsentiert Gnade und Erbarmen und entspricht dem Trigramm des Heiteren ☱. Im menschlichen Körper entspricht ihm der Mund.

Gebura bedeutet Strenge. Ihm entspricht das Trigramm der Füße, die ständig mit der harten Erde in Berührung sein müssen. Es ist damit gleichzeitig das Trigramm für eine Art von Wachstum, das durch beständige Anspannung und Anstrengung erzielt wird – das Erregende, der Donner ☳.

Nezach ist der Sieg, das Trigramm der Hände, durch deren Einsatz der Mensch etwas vollbringt. Dieses Trigramm symbolisiert ferner die gelöste Heiterkeit des Berges, den der Neophyt erklommen hat. Jetzt darf er sich als Sieger fühlen und ruhend stillehalten: der Berg ☶.

Hod oder Glanz und Macht ist das Trigramm der Luft, der Lebensatem, die Schöpfung der belebten Materie auf der Erde, der Wind ☴.

Tifereth und das Trigramm des Feuers stehen beide für Schönheit und den intuitiven Geist ☲.

Jessod ist das Fundament. Der Ton, das heilige Wort (siehe S. 50), ist die Grundlage des Lebens. Da es der erste Wandlungszu-

---

* vgl. R. L. Wing, *Das Arbeitsbuch zum I Ging,* S. 26 (Anm. d. Übers.)

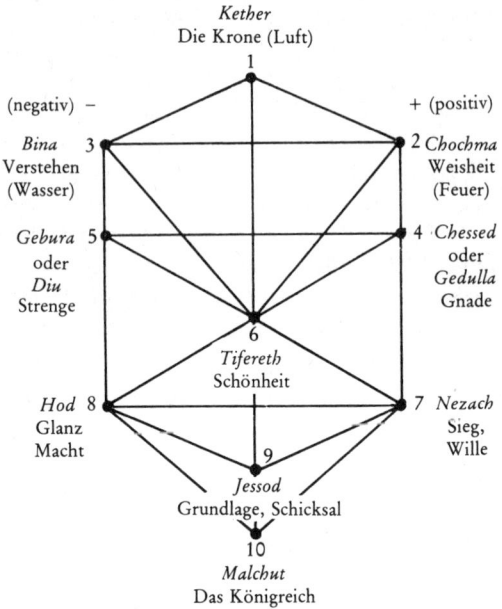

Der Sefirot-Baum der Kabbala

stand ist, werden die Ohren, der instinktgebundene Geist und der Anbeginn mit dem Trigramm des Wassers ☵ in Bezug gebracht.

Malchut ist das Reich, das wie die Zahl Zehn mit der Erde ☷ in Zusammenhang gebracht wird.

Kether ist die Krone. Da dies die Spitze des Diagramms ist, handelt es sich hierbei um den Himmel, das Schöpferische ☰.

Wenn wir diese beiden Darstellungen mit der Abbildung vergleichen, welche die chinesische Vorstellung von der Entwicklung der Goldenen Blüte veranschaulicht*, werden wir zwischen die-

---

* siehe in: C. G. Jung/R. Wilhelm, *Das Geheimnis der Goldenen Blüte*, S. 69–75. Dort wird im Rahmen einer Darstellung der psychologischen und kosmologischen Voraussetzungen des Werkes dieser Vorgang in großem Detail beschrieben. (Anm. d. Übers.)

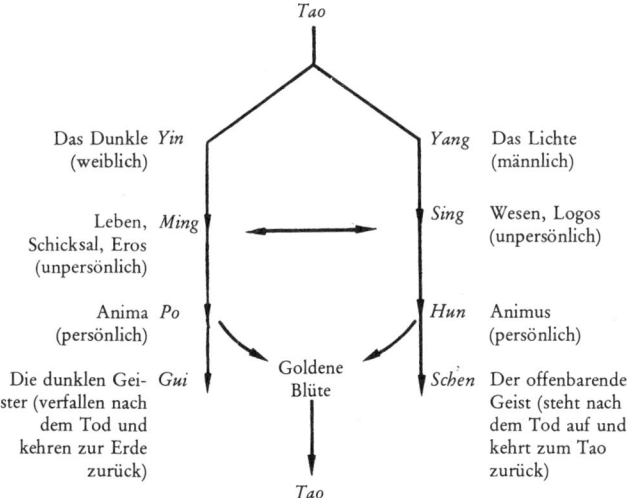

Die Entwicklung der Goldenen Blüte oder des unsterblichen Geistkörpers

sen drei Diagrammen eine verblüffende Ähnlichkeit feststellen. Das Licht des Himmels wird durch die Dunkelheit der Erde reflektiert. Sowohl im Menschen selbst als auch in seiner Umwelt, die er, während er sein Bewußtsein auf die Stufe des Himmels zu erheben strebt, in ein harmonisches Gleichgewicht bringen muß, sind positive und negative Kräfte am Werk. Das Aufsteigen des Kundalini-Feuers im tantrischen Yoga der aus Indien stammenden Traditionen und die Entwicklung der Goldenen Blüte nach taoistischen Lehren, das Öffnen des Tausendblättrigen Lotus im buddhistischen Yoga und die Wandlung von Hexagramm 63 in Hexagramm 64 im I Ging sind allesamt Metaphern für einunddenselben Prozeß.

Die Kabbala beginnt mit der Zahl Eins (Gott), an der Krone, und steigt hinab zur Zehn (die Erde) am untersten Ende, von wo aus die Zahlen durch die mittlere Säule (die Wirbelsäule) wieder zum Kopf (dem Himmel) aufsteigen. In unserem Diagramm zur Goldenen Blüte tauchen auch die Begriffe Schen und Gui auf, die R. Wilhelm folgendermaßen erklärt: »... Die geistigen Kräfte, die Aufbau und Abbau des sichtbaren Daseins bewirken, sind ebenfalls entweder dem lichten oder dem dunklen Prinzip angehörig. Die lichten Geister (Schen) gehen aus, das sind die wirkenden, die auch neue Verkörperungen eingehen können; die dunklen Geister (Gui) kehren heim, das sind die sich zurückziehenden, die den Ertrag des Lebens erst verarbeiten. Es ist in dieser Auffassung von rückkehrenden und ausgehenden Geistern keineswegs der Gedanke von guten und bösen Wesen, sondern nur der Unterschied des sich ausstreckenden und sich zusammenziehenden Substrats der Lebenskraft. Es sind Wechselzustände im großen Meer des Lebens.«[*]

---

[*] siehe R. Wilhelm, *I Ging*, S. 273.

6 SCHAU YUNGS ANORDNUNG DES FRÜHEN HIMMELS UND DIE NUMERISCHE ANORDNUNG DES SPÄTEN HIMMELS VON KÖNIG WEN

Auf Seite 31 sind die Hexagramme in Schau Yungs kreisförmiger Anordnung abgebildet. In der linken Hälfte des Kreises sind die untersten Linien allesamt Yang, in der rechten Hälfte allesamt Yin (vgl. mit den äußeren Säulen des Kosmos-Diagramms).

Die folgende Abbildung ist mit dieser Anordnung im Prinzip identisch, nur daß die Hexagramme hier durch je einen Punkt dargestellt werden. Die eigentlichen Ideogramme der Hexagramme erscheinen nur in den Positionen der Doppelzeichen, die mit der Stellung der Trigramme des Frühen Himmels übereinstimmen, auf welchen die Anordnung Schau Yungs basiert. Mit Ausnahme der Ideogramme im Süden und Norden besteht der Zwischenraum zwischen den Ideogrammen aus acht Punkten, die gemeinsam mit jedem beliebigen Ideogramm einen Block von neun Hexagrammen bilden. Da der Kreis sechs solche Blöcke aufweist, erhalten wir 54 Hexagramme.

Im Süden und im Norden befinden sich zwischen der Verdoppelung der Trigramme des Empfangenden und des Schöpferischen (der Verdoppelung von Yin und Yang) und dem nächstfolgenden Doppelzeichen jeweils nur vier Punkte. Sie bilden mit den Ideogrammen des Empfangenden und des Schöpferischen also je einen Block von fünf Hexagrammen. Damit ist der Kreis komplett.

$$6 \times 9 = 54$$
$$2 \times 5 = 10$$
64 Hexagramme

Neun, als die höchste Zahl des Frühen Himmels, ist ebenfalls die Zahl der Nicht-Wandlung, denn jede Zahl, zu der man Neun hinzuzählt, bleibt durch diese Addition unverändert, z. B.: drei plus neun ergibt zwölf; zwölf besteht aus den ganzen Zahlen Eins

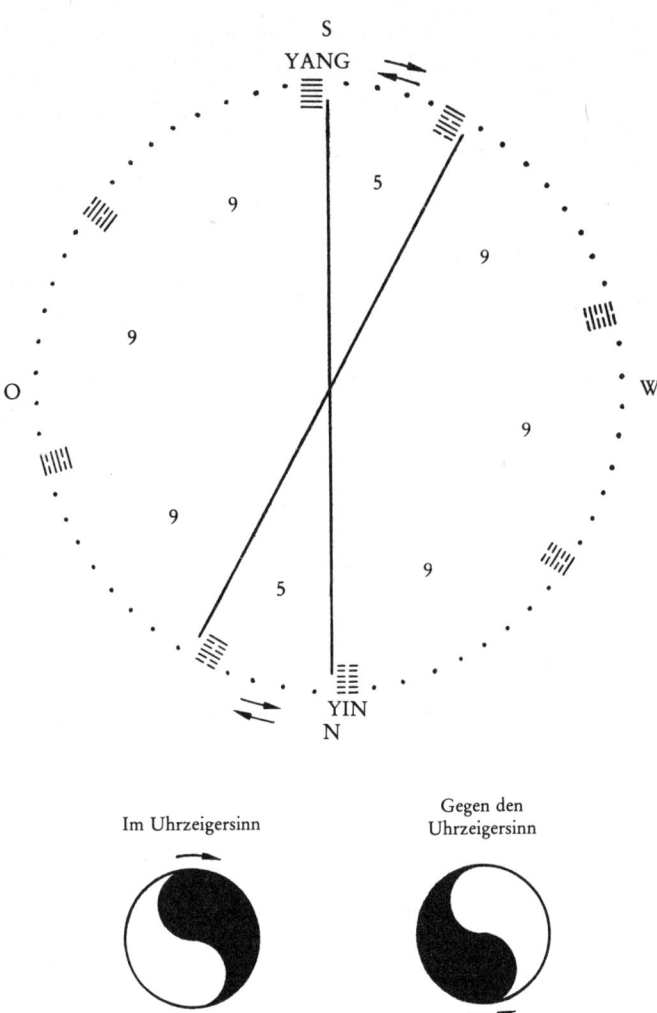

Schau Yungs kreisförmige Anordnung zur Verdeutlichung der Wechselwirkung von Yin und Yang und ihre Auswirkung auf die Formation der Hexagramme

und Zwei, die zusammengezählt wiederum drei ergeben. Jede beliebige Zahl, die man zur Neun addiert, wird sich ebenso verhalten. Wenn Neun also die Zahl der Nicht-Wandlung ist, ist Fünf die Wandlungszahl.

Aus dieser Darstellung kann man die Macht der Fünf über die Wandlung von Yin und Yang klarer verstehen. Dieses Anziehen und Abstoßen, dieses Hin- und Herschwingen sind Ebbe und Flut des Himmelsmagnetismus, der das Gleichgewicht des Universums beherrscht.

Fünf Zwischenräume von dem Empfangenden befindet sich das Hexagramm des Erregenden oder des Donners ☳, das den Beginn der Bewegung symbolisiert, während fünf Zwischenräume nach dem Schöpferischen das Hexagramm Wind ☴ folgt, dessen Symbol die Wandlung ist. Donner und Wind ergänzen sich gegenseitig bezüglich ihrer Struktur von Yin- und Yang-Linien. Deswegen stehen sie sich im Frühen Himmel, d. h. in der Anordnung Schau Yungs, diagonal gegenüber. In der Lo-Karte verbinden sie sich, um gemeinsam den Wandlungszustand des Holzes zu bilden, der organisches Wachstum darstellt.

Die Wandlungszustände sind physische Manifestationen. Die Kräfte, die derartige Wandlungen verursachen, sind jedoch spirituelle Kräfte oder Kräfte des Denkens, und dies ist auch der Frühe Himmel der Anordnung Schau Yungs. Die folgenden beiden Abbildungen werden dies klären helfen:

Beachten Sie, daß in den beiden Abbildungen die Linie der Bewegung mit der Linie der geteilten Erde übereinstimmt.

Wenn der Mensch die Zeichen zu lesen gelernt hat, die zu einem Höhepunkt führen, an dem eine Wandlung der kosmischen Kräfte wahrscheinlich wird, eine Wandlung, die auf der Erde eine ganze Flut von Ereignissen hervorrufen wird, dann kann er das Schicksal bis zu einem gewissen Grad steuern oder abwenden. Wir sind ja heute bereits in der Lage, Wetterentwicklungen oder Naturkatastrophen in gewissem Maß vorauszusagen oder zu lokalisieren. Wir können also unter Umständen rechtzeitige Warnungen ausgeben, um die notwendigen Vorsichtsmaßnahmen zu treffen. Doch können wir die Geschehnisse nicht eher erkennen, bevor nicht die ersten Anzeichen sichtbar geworden

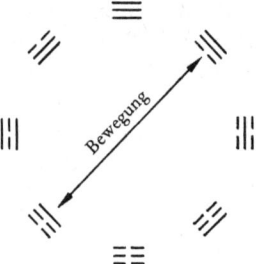

Früher Himmel (Bereich des Denkens oder des Geistigen) Schau Yungs Anordnung

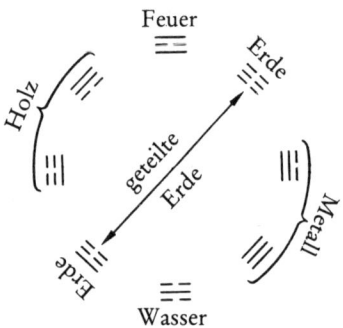

Später Himmel (physische Erscheinung) Wandlungszustände der Lo-Karte

sind, d. h. nicht bevor die unsichtbaren, immateriellen, kosmischen Wandlungen, die sie verursachen, bereits in Tätigkeit sind. Diese immateriellen Wandlungen können wir nur erkennen, indem wir mit dem Frühen Himmel Kontakt aufnehmen, der sich in der Zeit zurückbewegen und das jeweilige Wandlungsmuster enthüllen kann. Eben dies ist mit den sogenannten rückläufigen Zahlen gemeint*, wobei sich der Begriff Zahl natürlich auf die esoterischen Zahlen der Schildkröte des Frühen Himmels bezieht (siehe auch S. 88).

---

* siehe in: R. Wilhelm, *I Ging*, S. 247 f.

Das untere Trigramm eines Hexagramms repräsentiert seinen niedersten Aspekt und das obere seinen höchsten; das I Ging bezeichnet das untere jedoch als das innere Trigramm und das obere als das äußere Trigramm. Zur Illustrierung dieses Sachverhalts hier ein Beispiel:

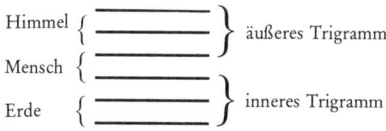

Himmel — äußeres Trigramm

Mensch

Erde — inneres Trigramm

Das obere Trigramm sollte aufgrund seiner Verbindung mit dem Himmel eigentlich das höchste (oder innere) sein, denn es beschäftigt sich ja auch mit dem Innenleben. Dieser offensichtliche Widerspruch in der Terminologie kann jedoch anhand von Schau Yungs kreisförmiger Anordnung leicht erklärt werden. In Schau Yungs Aufstellung bilden die Hexagramme einen Kreis, in dem die unteren Trigramme jeweils auf der Innenseite und die oberen Trigramme auf der Außenseite des Kreises liegen. Trotzdem könnten die Begriffe des inneren und äußeren Trigramms den Leser verwirren, und wir wollen deswegen hervorheben, daß das obere Trigramm tatsächlich, wie die obige Abbildung zeigt, den Himmel und damit das spirituelle Wesen des Menschen repräsentiert.

Dies ist ein Paradoxon der Geheimwissenschaften, und wir haben bereits darauf hingewiesen, daß es auch in den einander reflektierenden Bildern des chinesischen Kosmos und der kabbalistischen Dreiecke enthalten ist. Wir können es weiterhin durch die Tatsache erklären, daß, da sich das T'ai Chi genau im Zentrum von Schau Yungs Kreis befindet, die unterste Linie eines Hexagramms nicht nur die ‚materiellste' und erdnächste ist, sondern auch die Linie, die dem Göttlichen am nächsten steht.

Jedes Hexagramm kann deswegen sowohl von unten als auch von oben gelesen werden, wie die folgende Abbildung verdeutlicht, d. h. jedes Hexagramm beinhaltet seine eigene Spiegelung. In Schau Yungs Anordnung sind die einzelnen Linien über den Kreis hinweg ebenso spiegelbildlich umgekehrt, d. h. die Verteilung von Yin- und Yang-Linien in den gegenüberliegenden Hexagrammen ist genau entgegengesetzt, z. B.:

ist gegenüber von

Hexagramm 43
(im Süden)

Hexagramm 23
(im Norden)

und

ist gegenüber von

Hexagramm 49
(im Osten)

Hexagramm 4
(im Westen)

Sie können dies in der Kreisanordnung für alle Hexagramme verfolgen und werden keine Ausnahme dazu finden. Sie baut, wie schon erwähnt, natürlich auf dem Frühen Himmel auf. König Wens Reihenfolge der Trigramme (siehe die numerische Anordnung der Hexagramme im I Ging-Text) steht jedoch mit dem Späten Himmel in Beziehung (siehe Abb. S. 83), wo die Hexagramme in paarweisen Umkehrungen des gesamten Ideogramms erscheinen. Dazu gibt es folgende acht Ausnahmen (d. h. vier Paare): Hexagramme 1 und 2, 27 und 28, 29 und 30 und 61 und 62. In diesen Paaren wird Yang durch Yin ersetzt und umgekehrt, denn es ist unmöglich, einfach nur ihr Ideogramm umzukehren, da sich bei dem Versuch, eine solche einfache Umkehrung durchzuführen, immer das Ausgangs-Ideogramm ergibt; z. B.:

Hexagramm 27

Zusammenfassend kann also gesagt werden, daß jedes einzelne Hexagramm nicht nur die positiven und negativen Aspekte der von ihm bildlich dargestellten Situation in sich trägt, sondern darüber hinaus auch noch mit anderen Hexagrammen verknüpft werden kann, die eine gegenteilige Bedeutung haben. Diese anderen Hexagramme kommen entweder durch eine Wandlung der einzelnen Linien in Übereinstimmung mit der kreisförmigen vorweltlichen Himmel-Anordnung Schau Yungs oder durch

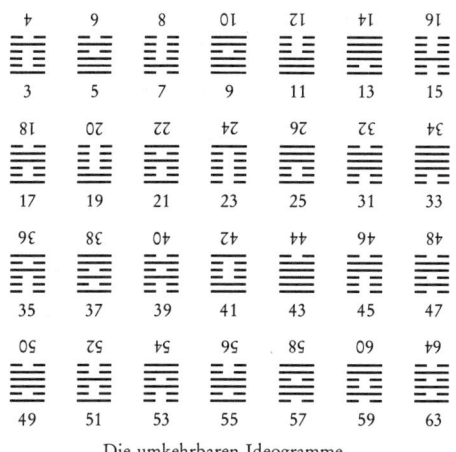

Die umkehrbaren Ideogramme

Die nicht umkehrbaren Ideogramme

Die numerische Anordnung der 64 Hexagramme und ihre Aufteilung in Paare

eine Umkehrung der Ideogramme zustande, die der numerischen Anordnung der Hexagramme im Späten Himmel König Wens folgt. In der kreisförmigen Anordnung können die Hexagramme über den Kreis hinweg als Gegensatzpaare gelesen werden oder man kann sie von außen nach innen bzw. von innen nach außen (von oben nach unten bzw. von unten nach oben) lesen. König Wens Hexagramme sind dagegen als numerische Paare zu verstehen, von denen ein Hexagramm positiv und das andere negativ* ist, d. h. Hexagramm 4 ist die Umkehrung des Ideogramms von Hexagramm 3, Hexagramm 6 ist die Umkehrung des Ideogramms von Hexagramm 5, usw.

---

* weil ungerade Zahlen positiv und gerade Zahlen negativ sind.

7 DIE KALENDER-HEXAGRAMME UND NÄHERES ZU DEN WANDLUNGSZUSTÄNDEN

In der folgenden Darstellung der Anordnung von Schau Yung wurden die Linien der Hexagramme durch Punkte ersetzt. Die weißen Punkte stehen für eine Yang-Linie, die schwarzen Punkte für eine Yin-Linie. Wenn wir den Kreis in seiner Gesamtheit von innen nach außen lesen, d. h. von der untersten Linie zur obersten, ergibt sich die folgende Verteilung: Erster Kreis (ganz innen): In der linken Hälfte 32 Yang-Linien und in der rechten 32 Yin-Linien.

Zweiter Kreis: in der oberen Hälfte 32 Yang-Linien und in der unteren 32 Yin-Linien.

Dritter Kreis: 16 Yang-Linien in der oberen Hälfte gegenüber 16 Yin-Linien in der unteren. 8 Yang- und Yin-Linien gegenüber von 8 Yin- und Yang-Linien zu beiden Seiten.

Vierter Kreis: 8 Yang-Linien oben und 8 unten. Die übrigen Yang- und Yin-Linien folgen in Vierergruppen aufeinander, wobei die Yang-Linien gegenüber von den Yin-Linien zu liegen kommen.

Fünfter Kreis: 4 Yang-Linien oben gegenüber von 4 Yin-Linien unten. Die übrigen Yang- und Yin-Linien folgen in Zweiergruppen aufeinander, wobei die Yang-Linien immer gegenüber den Yin-Linien zu liegen kommen.

Sechster Kreis (ganz außen): 2 Yang-Linien oben am Süd-‚Pol‘ gegenüber von 2 Yin-Linien unten am Nord-‚Pol‘ (d. h. dort, wo die kosmischen Kräfte in ihr Gegenteil hineinlaufen). Die restlichen Yang- und Yin-Linien wechseln einander im Kreis ab. Dieser Aufbau läßt eine geometrische Progression erkennen und veranschaulicht damit die Tatsache, daß der Mensch, je weiter er sich vom Zentrum und vom T'ai Chi entfernt, durch die Lebensumstände zunehmend von einem Extrem zum anderen gestoßen wird.

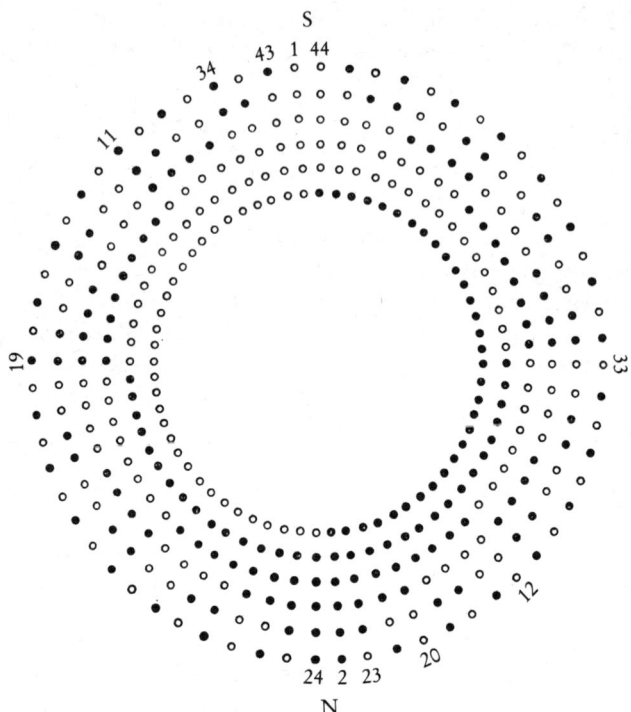

Schau Yungs kreisförmige Anordnung. Die Hexagrammlinien sind in schwarzen und weißen Punkten dargestellt.

2	23	20	12	33	44
Nov.	Okt.	Sept.	Aug.	Juli	Juni

1	43	34	11	19	24
Mai	April	März	Febr.	Jan.	Dez.

(Die Monate sind derart angeordnet, daß sie mit der Linienstruktur in Schau Yungs Anordnung übereinstimmen.)

Die Kalender-Hexagramme

Unter der Kreisabbildung sind die Nummern von nur zwölf Hexagrammen angegeben. Dies geschah mit Absicht, denn wir wollen, da sie an hervorstechenden Punkten lokalisiert sind, wo jeweils Gruppen von schwarzen und weißen Punkten beginnen (wo sich Yang und Yin und Yin in Yang wandelt), unsere Aufmerksamkeit auf sie richten. Wenn wir die Punkte des äußersten Kreises gegen den Uhrzeigersinn lesen, finden wir bei den Hexagrammen 1 und 44 jeweils einen weißen Punkt, der nächstfolgende Punkt (Hexagramm 43) ist dann schwarz. Die gleiche Art einer Wandlung findet im Norden statt, wo sich die beiden schwarzen Punkte von den Hexagrammen 24 und 2 in den weißen Punkt von Hexagramm 23 wandeln. Im zweiten Kreis – von außen gezählt und immer noch gegen den Uhrzeigersinn gelesen – wandelt Hexagramm 34 die Gruppe der zwei schwarzen Punkte in weiß. Eine ähnliche Wandlung von weiß in schwarz findet im Norden bei Hexagramm 20 statt. Im dritten Kreis ist Hexagramm 11 das letzte in der Serie der vier schwarzen Punkte und im Norden Hexagramm 12 das letzte der vier weißen Punkte. Im vierten Kreis (von außen) steht Hexagramm 19 als letztes der acht schwarzen Punkte und Hexagramm 33 als letztes der acht weißen Punkte; im fünften Kreis sind dann die Hexagramme 19 und 33 nochmals die letzten in ihrer Serie von schwarzen bzw. weißen Punkten. Im sechsten und innersten Kreis wandelt sich beim Übergang von Hexagramm 44 zu Hexagramm 1 schwarz in weiß, und im Norden wandelt sich zwischen den Hexagrammen 24 und 2 weiß in schwarz.

Diese zwölf Hexagramme tragen eine ganze Reihe von Bezeichnungen. Wir werden sie im folgenden Kalender-Hexagramme nennen, da sie aufgrund ihrer Stellung in der Anordnung Schau Yungs die Jahreszeiten regieren. Da sich Schau Yungs Hexagramm-Anordnung auf den Frühen Himmel bezieht, betrifft dies die Zeit und nicht die physikalischen Manifestationen.

Wenn die Hexagramme wie in der Abbildung links unten angeordnet sind, ist ein ganz bestimmtes Yin-Yang-Muster von Licht und Dunkelheit zu sehen, das die Leuchtkraft der Sommersonne und das spärliche Sonnenlicht des Winters illustriert, indem die Yang-Linien über Frühjahr und Sommer zunehmen und dann über den Herbst bis hin zum Winteranfang wieder abnehmen und dabei Dunkelheit und Kälte mit sich bringen.

Das I Ging basiert auf dem Kreislauf der Jahreszeiten und deswegen verweisen die Kalender-Hexagramme auch auf die Jahreszeiten der nördlichen Hemisphäre. Für die südliche Hemisphäre müssen die Zeiten von Licht und Dunkelheit genau umgekehrt sein.*

Wenn wir die Kalender-Hexagramme mit ihren entsprechenden Positionen in der Punkt-Darstellung von Schau Yung vergleichen, erkennen wir, daß sie sich in Schau Yungs Anordnung rückwärts bewegen. Diese Hexagramme bezeichnet Richard Wilhelm in seiner Übersetzung als rückläufig, weil sie für das Wahrsagen und Erhalten von Anleitungen für zukünftige Ereignisse besonders hilfreich sind. Wir könnten dies vielleicht mit dem Vorgang vergleichen, daß wir aus einem Baumsamen sowohl die Art des Baumes erschließen können, von dem er herstammt, als auch dazu in der Lage sind zu bestimmen (in der Richtung des Wachstums im Uhrzeigersinn), zu welcher Baumsorte er sich schließlich entwickeln wird.

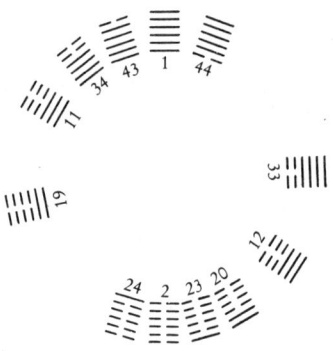

Die Kalender-Hexagramme in der Anordnung Schau Yungs (Früher Himmel, Zeit)

---

* siehe dazu: W. A. Sherrill und Wen Kuan Chu, *Astrologie des I Ging,* Düsseldorf und Köln, 1982, S. 510. (Anm. d. Übers.)

In Schau Yungs Hexagramm-Anordnung, in deren Kreis die Yin-Linien den Yang-Linien diametral gegenüberliegen, ist der Mai dem November, der Juli dem Januar gegenübergestellt, so daß jedes Paar von Kalender-Hexagrammen sechs Monate auseinanderliegt. Damit wird dem in der Natur herrschenden Gleichgewicht Rechnung getragen. Die Todeszeit eines Jahres, d. h. sein kältester Punkt, ist gleichzeitig der Augenblick, an dem die Wärme zurückzukommen beginnt und die Lebenskraft erneut aktiv wird (ein weiteres Beispiel für Enantiodromie).

Die Kalender-Hexagramme in König Wens numerischer Anordnung (Später Himmel, Raum)

Da diese letzte Folge von gegensätzlichen Hexagrammen auf dem Späten Himmel beruht, zeigt sie die physikalische Manifestation der Jahreszeiten an, wohingegen uns die kreisförmige Abbildung die Zeit anzeigte, zu der sie stattfinden.

Es wird Ihnen nicht entgangen sein, daß die Kalender-Hexagramme außer den Trigrammen des Wassers und des Feuers alle Trigramme enthalten. Dies hat seinen guten Grund, denn die Hexagramme des Feuers und des Wassers repräsentieren die inneren Wandlungszustände und die Evolution des Menschen. Insofern kommt ihnen im Wandel der äußeren Jahreszeiten kein Platz zu. Die sechs Trigramme, die in den Kalender-Hexagrammen anwesend sind, stellen die kosmischen Kräfte von Yin und Yang zusammen mit den vier Elementen dar. (Auf den begrifflichen Unterschied zwischen ‚Element‘ und ‚Wandlungszustand‘ wurde bei der Besprechung des chinesischen Kosmos-Diagramms auf S. 52 verwiesen). Folgende Trigramme nun bilden die Kalender-Hexagramme:

Indem man aus jedem Trigramm-Paar der äußeren Wandlungszustände (siehe S. 51) ein Hexagramm bildet, kann man zu verstehen beginnen, wie König Wen zu den Bedeutungen kam, die
er ihnen beilegte. Von diesem Ausgangspunkt ergibt sich dann
die Möglichkeit, alle anderen Hexagramme (des Späten Himmels) zu erklären.

Wie wir später noch sehen werden, fügen sich diese Hexagramme
der Wandlungszustände auch als Hexagramme des Frühen
Himmels in die Anordnung Schau Yungs.

Diese Hexagramme entstehen aus der Verbindung von zwei Ur-
zeichen, und ihre Formation bringt nicht davon abgeleitete
Kernzeichen mit sich;* andernfalls würde das Konzept der
Wandlungszustände übermäßig verkompliziert und ließe sich
kaum mehr erklären. Doch möchte ich den Leser durch diese
Bemerkung nicht davon abhalten, selbst mit den entsprechenden
Kernzeichen zu experimentieren.

Unter ihrem jeweiligen Wandlungszustand erscheinen die Hexagramme in folgender Aufstellung:

Erde

Hexagramm 23 (32)   Hexagramm 15 (42)

(Beachten Sie, daß dies ein Kalender-Hexagramm ist.)

---

* Für eine nähere Erklärung der Begriffe ‚Urzeichen‘ und ‚Kernzeichen‘ siehe in R.
Wilhelm, *I Ging*, S. 328 ff.

Metall

――― ―――	See	――――― das Schöpferische
――――― das Schöpferische		――― ――― See

Hexagramm 43 (39)   Hexagramm 10 (4)

(Beachten Sie, daß dies ein Kalender-Hexagramm ist.)

Holz

――――― Wind		――― ――― Donner
――― ――― Donner		――――― Wind

Hexagramm 42 (49)   Hexagramm 32 (38)

Die Hexagramme, die in den Klammern aufgeführt sind, bezeichnen die entsprechenden Hexagramme des Frühen Himmels.*

Sie werden bemerkt haben, daß die Hexagramme des Frühen
Himmels für den Wandlungszustand Erde (32 und 42) im Wand-
lungszustand Holz zu Hexagrammen des Späten Himmels wer-
den. Damit ist ausgedrückt, daß die Hexagramme des Frühen
Himmels (der Anordnung der Welt des Geistigen) sich im Späten
Himmel (in der Welt der Sinne und der Materie) konkret manife-
stieren. Es wird auch sichtbar, daß sie dabei ihre Position vertau-
schen. Hexagramm 32 des Frühen Himmels wird im Späten
Himmel zu Hexagramm 42, und Hexagramm 42 des Frühen
Himmels wird im Späten Himmel zu Hexagramm 32.

---

* Für die Interpretation der Hexagramme einer Orakelbefragung (Später Himmel,
Innerweltliche Ordnung) ist die Berücksichtigung der entsprechenden Hexa-
gramme des Späten Himmels (Vorweltliche Ordnung) hilfreich, da die Wechsel-
wirkung beider Ordnungen von großer Bedeutung ist. Die zusammengehörigen
Hexagrammpaare sind im Anhang aufgelistet (S. 171 ff.).
Zur weiteren Erläuterung der Begriffe ‚vorweltlich‘ und ‚innerweltlich‘ siehe in:
R. Wilhelm, I Ging, S. 244–253. (Anm. d. Übers.)

Dies veranschaulicht, daß zwischen dem Frühen Himmel (dem Geistigen) und dem Späten Himmel (der Materie) eine Brücke besteht und weiterhin, wie sich die Erde in pflanzliches Leben (Holz) verwandelt. Derartiges Wachstum tritt aufgrund eines ähnlichen Verwandlungsprozesses von Kräften in Erscheinung, die in der Erde verborgen sind.

WANDLUNGSZUSTAND ERDE
Hexagramm 23 Die Zersplitterung

In Schau Yungs Anordnung nimmt dieses Hexagramm die Position neben dem Empfangenden ein. Die Erde ist der einzige Wandlungszustand, der in zwei Hälften aufgebrochen werden kann; daraus folgt, daß dieses Hexagramm ein Symbol der Zersplitterung ist. Es ist das Kalender-Hexagramm des Monats Oktober; in der nördlichen Hemisphäre stehen dann die Dunkelheit und der Winter bevor. In den Texten zu Hexagramm 23 finden wir u. a. die Aussage: »Das Böse ist nicht nur dem Guten verderblich, sondern es vernichtet in seinen letzten Konsequenzen sich selbst; denn das Böse, das nur von der Verneinung lebt, kann aus sich selbst nicht bestehen.«[*]
Dieses Hexagramm deutet auf den Augenblick, an dem Yin (10, die Erde) von Yang in zwei Hälften (5 und 5) aufgebrochen wird; dies wird im Zentrum der Karte vom Gelben Fluß (siehe S. 46) bildlich dargestellt.

---

[*] siehe R. Wilhelm, *I Ging*, S. 103

Es ist der Augenblick der Empfängnis (siehe S. 49), in dem das Männliche das Weibliche (Yin) teilt, um in es einzutreten, und in dem es sich schließlich auch noch selbst teilt, damit das Weibliche seinen Samen empfangen kann. Danach bricht das Yang völlig auseinander (siehe dazu Text und Anmerkungen zur obersten Linie von Hexagramm 23). Eine weitere Illustrierung ist das Sichspalten einer Frucht, die dabei ihren Kern freigibt; im Anschluß daran teilt sich die Erde und nimmt das Samenkorn in sich auf. Danach verfault die Frucht, mit anderen Worten: Sie zerstört sich selbst. Das Bild dieses Hexagramms ist ein Berg über der Erde oder Erde, die ansteigt und einen Berg bildet. Daraus ergibt sich das Ideogramm:

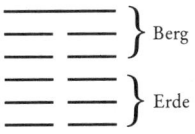

Es ist das Symbol einer beim Reifen anschwellenden Frucht oder einer Schwangeren (der zunehmende Mond), die sich beide schließlich aufteilen werden, um das Samenkorn oder das Kind freizugeben, und damit wieder zu ihrer ursprünglichen Größe schrumpfen (der abnehmende Mond). Da er nun nicht mehr besteht, ist der Berg erneut zur Ebene geworden und bildet damit Hexagramm 2, das in Schau Yungs Anordnung neben Hexagramm 23 liegt. Das Bild zeigt nun Erde über Erde und nicht mehr Berg über Erde. Hexagramm 2 symbolisiert eine Frau, die das Yang sucht oder eine Mutter, denn sie hat ein Kind (Yang) zur Welt gebracht.

Die Früh-Himmel Entsprechung von Hexagramm 23 ist Hexagramm 32, die Dauer, die Kontinuität symbolisiert oder die Notwendigkeit, einen Partner zu suchen, fruchtbar zu sein und der eigenen Gattung Dauer zu verleihen. Die Verbindung zwischen diesen beiden Hexagrammen ist also offensichtlich.

In König Wens numerischer Anordnung der Hexagramme, folgt auf das Hexagramm 23 das Hexagramm 24 und stellt eine Umkehrung seines Aufbaus dar:

▬▬▬▬	▬▬ ▬▬
▬▬ ▬▬	▬▬ ▬▬
▬▬ ▬▬ Hexagramm 23	▬▬ ▬▬ Hexagramm 24
▬▬ ▬▬ Die	▬▬ ▬▬ Die
▬▬ ▬▬ Zersplitterung	▬▬ ▬▬ Wiederkehr
▬▬ ▬▬	▬▬▬▬

Hexagramm 24 gehört zu den Kalender-Hexagrammen, obwohl es nicht zu den sechs Hexagrammen für die äußeren Wandlungszustände zählt. Sein Name, die Wiederkehr, ergibt sich aus seiner Linienverteilung. Wir haben hier die zu Hexagramm 23 entgegengesetzte Situation, wo die Yin-Linien mit vereinter Kraft die letzte Yang-Linie aus dem Hexagramm zu vertreiben suchten, denn die starke unterste Yang-Linie steht für die Wiederkehr von Redlichkeit, Stärke und angemessenem Verhalten. Mit anderen Worten: Die Kräfte des Lichts, die von unten in das Hexagramm eingetreten sind, werden aufsteigen und zunehmen, bis sie die dunklen Kräfte vollständig beseitigt haben. Es ist das Kalender-Hexagramm für den Monat Dezember, in dem der kürzeste Tag des Jahres liegt. Damit beschreibt es den Augenblick, an dem die Tage wieder zunehmen.* Der Aufstieg der Yang-Kraft setzt ein. Er ist durch die zunehmende Anzahl von Yang-Linien in den folgenden Kalender-Hexagrammen gekennzeichnet, der mit dem Hexagramm 1 für die Zeit von Anfang Mai bis Anfang Juni seinen Höhepunkt findet. Das zweite Hexagramm des Wandlungszustands Erde ist Hexagramm 15, die Bescheidenheit:

▬▬ ▬▬
▬▬ ▬▬
▬▬▬▬
▬▬ ▬▬
▬▬ ▬▬
▬▬ ▬▬

---

* Die sogenannten 24 Jahreszeiten der Kalender-Hexagramme stimmen mit unseren Monaten natürlich nicht genau überein. Im Jahr 1975 fielen die beiden Jahreszeiten ‚Dichter Schneefall‘ und ‚Wintersonnenwende‘ z. B. auf den Zeitraum vom 7.12.1975 bis zum 5.1.1976. Die Wintersonnenwende selbst fand am 22.12.1975 statt. Siehe in W. A. Sherrill und Wen Kuan Chu, *Astrologie des I Ging*, S. 35 und 63. (Anm. d. Übers.)

Diesem Zeichen wird eine große Bedeutsamkeit zugesprochen, auch wenn es selbst nicht zu den Kalender-Hexagrammen zählt, denn Demut und Bescheidenheit sind besonders in der chinesischen Weltsicht große und wichtige Tugenden. Es ist deswegen auch das einzige Hexagramm im ganzen I Ging, in dem alle Linien von günstiger und positiver Vorbedeutung sind.

Es hat das Bild der Erde über dem Berg

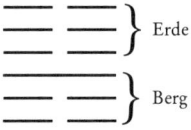

und ist damit das natürliche Ergebnis des ersten Zeichens des Wandlungszustands Erde (Hexagramm 23, die Zersplitterung), denn es beinhaltet die Schrumpfung dessen, was zu groß geworden war: Demut und Bescheidenheit weisen das Selbst in seine Schranken. Nach dem Geschlechtakt schrumpft das männliche Glied zu seiner ursprünglichen Größe, und nach neun Monaten Schwangerschaft findet nach der Geburt des Kindes auch der weibliche Körper wieder zu seiner eigentlichen Gestalt zurück.

Es veranschaulicht das natürliche Gesetz, nach dem Größe zu Abnahme und Kleinheit zu Zunahme führt, ein Gesetz, das das Gleichgewicht des Universums aufrechterhält. So bringt eine ausgewachsene Pflanze oder ein ausgewachsener Mensch einen winzigen Samen hervor, der seinerseits wiederum beständig an Größe zunimmt. Der Regen wird besonders heftig auf alle Erderhebungen prasseln und sie unter Umständen wegspülen. Wenn ein Körperorgan gefüllt ist (wie z. B. die Blase, der Darm, der Schoß), wird es schließlich das Objekt ausstoßen, das sein Anschwellen verursachte, und zu seiner normalen Größe zurückfinden.

Ferner lehren uns die Hexagramme 23 und 15 recht deutlich, daß der Hochmut vor dem Fall kommt und daß Bescheidenheit zum Aufstieg führt. Das Hexagramm 15 entsprechende Hexagramm im Frühen Himmel ist Hexagramm 42, die Mehrung – der Zusammenhang ist wirklich nicht zu übersehen!

Hexagramm 43 Der Durchbruch (die Entschlossenheit)

Dies ist das Kalenderhexagramm für den Monat April und beschreibt eine Zeit, in der auf der nördlichen Erdhalbkugel die keimenden Pflanzen nach langem Kampf durch die bis dahin hinderliche Erdkruste hindurchzubrechen beginnen. Es verweist auf Lebenssituationen, die, wie z. B. politische Umbrüche, durch einen Spannungsstau verursacht werden. Ferner charakterisiert es die Lage eines Kindes, das auf der Schwelle zur Jugend steht und im Begriff ist, die Fesseln des Kinderzimmers abzustreifen und die Erwachsenenwelt zu betreten. Mit anderen Worten kennzeichnet dieses Hexagramm das Verlassen einer geschützten und bisher verborgen gebliebenen Existenz, die mit der Zeit frustrierend und beengend geworden ist; plötzlich ist man dieser Art zu leben entwachsen und an den Punkt gelangt, die Schranken zu durchbrechen. Das I Ging rät uns, daß wir unter keinen Umständen zu den Waffen (die ja aus Metall sind) greifen sollten, trotzdem jedoch umsichtig und bereit sein müssen, im rechten Augenblick zu handeln. Metall ist ein Symbol für Durchtrennen und Zerschlagen, und in diesem Sinne verweist das Hexagramm auf eine Situation, in der man sich, jedoch ohne Gewaltanwendung, aus einer beengenden Lage befreit. In Schau Yungs Anordnung befindet sich dieses Hexagramm im Süden neben Hexagramm 1, dem Schöpferischen. Damit ist es an einem Punkt gelegen, an dem die Kräfte des Schöpferischen oder des Lichts sich gerade voll zu manifestieren beginnen, auf den Jahreszyklus des pflanzlichen Lebens bezogen also in der Zeit, in der die Pflanzen die Erdkruste durchbrechen und sich im Sonnenlicht entfalten. Die Früh-Himmel Entsprechung von Hexagramm 43 ist Zeichen 39, das Hemmnis. Das Hemmnis versinnbildlicht das Überwinden von Hindernissen. Die Verbindung zu Hexagramm 43 könnte nicht einleuchtender charakterisiert werden. In Hexagramm 39 werden wir dazu aufgefordert, unsere Waffen zurückzuhalten und das vorliegende Problem objektiv und mit ausreichender Distanziertheit zu betrachten, so daß wir den Weg zu einer erfolgreichen Lösung und eine weise Führung finden können.

Das andere Hexagramm des Wandlungszustands Metall ist Hexagramm 10, das Auftreten, welches – da es seiner Struktur nach vollkommen komplementär dazu ist – in Schau Yungs Anordnung dem Hexagramm 15 (die Bescheidenheit) diametral gegenüberliegt.

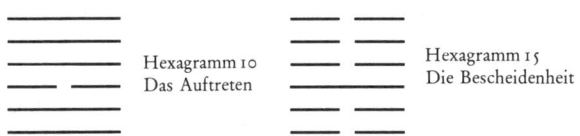

Hexagramm 10
Das Auftreten

Hexagramm 15
Die Bescheidenheit

Hexagramm 10 repräsentiert ein mutiges In-die-Welt-Hinausgehen, das es mit dem Auftreten auf des Tigers Schwanz vergleicht. Sie mögen es wagen, auf des Tigers Schwanz aufzutreten, doch sollten Sie dies nur mit äußerster Umsicht tun, um sich vor Schaden zu bewahren. Es ist die natürliche Konsequenz, die sich aus Hexagramm 43 ergibt, in dem Sie dazu aufgefordert wurden, sich zurückzuziehen und die Situation sorgfältig zu überdenken, bevor Sie den Durchbruch wagen. Hexagramm 10 rät Ihnen nun, mutig voranzuschreiten und dabei doch alle Überstürztheit zu vermeiden.

Das entsprechende Hexagramm des Frühen Himmels ist die Jugendtorheit (Hexagramm 4). Dort wird eine junge Pflanze oder ein junger Mensch beschrieben, der kaum gewappnet ist, den Fährnissen des Lebens zu begegnen, sich jedoch nichts sehnlicher wünscht, als Hals über Kopf hineinzuspringen.

Hexagramm 42 Die Mehrung

Dies zeigt an, daß die Zeit gekommen ist, größer und stärker zu werden. Wenn das Wachstum Bestand haben soll, muß es jedoch von der Bereitschaft zu opfern und mit anderen zu teilen begleitet sein. Wenn ein Baum heranwächst, breitet er seine Äste aus und spendet jüngeren Pflanzen Schatten. Ein Mensch, der sich im Leben eine gute Position schafft, sollte sie mit anderen teilen. Wenn ein Unternehmen blüht und expandiert, sollten mehr Menschen angestellt werden und mehr Güter produziert werden, eine Entwicklung, die der Gesellschaft zugute kommt. Die Expansion kommt durch eine Aufgabe aller unerwünschten Faktoren oder durch die Aufopferung des Selbst zustande. Dieses Opfer bringt zwangsläufig den Gewinn herbei. Dies ist ein Naturgesetz. Wenn die Blüten am Schaft einer Pflanze absterben, können sich die Blüten an der Spitze öffnen.

Der Wandlungszustand Holz beschäftigt sich mit Wachstum, Entwicklung und Expansion. Das dem Hexagramm 42 entsprechende Zeichen im Frühen Himmel ist Hexagramm 49 (die Umwälzung, die Mauserung); es steht für eine Zeit der Wandlung und des Abschüttelns, in der man sich des Ballastes der Vergangenheit entledigt – in der Natur eine Zeit der Metamorphose, in der Welt der menschlichen Belange eine Zeit revolutionärer Umwälzung. Verbrauchtes und Unerwünschtes wird aus dem Weg geräumt.

Das zweite Zeichen des Wandlungszustands Holz ist Hexagramm 32, die Dauer:

Mit der Bedeutung dieses Zeichens haben wir uns bereits näher beschäftigt, denn es ist im Frühen Himmel die Entsprechung zu Hexagramm 23 (die Zersplitterung). Es beschreibt die Vereinigung als einen dauerhaften Zustand, erklärt, warum es wichtig ist, einen Partner zu suchen, warum es wichtig ist, daß die Pflanzen bestäubt werden, warum es wichtig ist, daß Erkenntnisse und Wissen von Generation zu Generation weitergegeben werden: Nur wenn all dies geschieht, wird das Leben auf der Erde Bestand haben. Jede Art der Befruchtung, ganz gleich ob auf der spirituellen, geistigen oder körperlichen Ebene, trägt zur Erhaltung der eigenen Art bei, so daß eine kontinuierliche Entwicklung möglich ist.

Diese Entwicklung kann jedoch nur in festen Bahnen stattfinden, die Wandlung kann sich nur in einem Zustand der Nicht-Wandlung vollziehen. Diese Tatsache läßt sich vielleicht am besten mit dem Beispiel der Planeten erklären, die in festen Bahnen um die Sonne kreisen.

Dem Zeichen Dauer entspricht im Frühen Himmel Hexagramm 38, der Gegensatz. Dieses Zeichen zeigt einen Zustand an, in dem Gegensätze (wie Mann und Frau) miteinander versöhnt werden, einen Zustand, in dem gegensätzliche Ansichten zu einer Übereinkunft gelangen. Es hat mit der Schöpfung und Reproduktion des Lebens zu tun und ist deswegen der natürliche Vorläufer zu Hexagramm 32.

Damit sind wir am Ende jener Hexagramme angelangt, die sich aus den Trigrammen der äußeren Wandlungszustände von Erde, Metall und Holz bilden lassen. Diese Trigramme und Hexagramme veranschaulichen die Gesetze des Lebens, welche die Zeit und die Umstände beherrschen, in denen eine Wandlung – beabsichtigt oder nicht – durch die Kräfte des Himmels, der Erde, der Umstände, anderer Menschen, unseres Selbst usw. durchgeführt werden kann.

Wenn sich diese Zustände Ihnen von selbst darbieten sollten oder wenn Sie sie zu einem bestimmten Zweck bewußt herbeiführen wollen, ist es angeraten, die Richtlinien zu studieren, die das I Ging für solche Zeiten geben kann, und die Hinweise zu beachten, die es uns darüber erteilt, wie wir die entsprechenden Situationen selbst einleiten können.

Fassen wir kurz die Kriterien zusammen, die die Erschaffung und Entwicklung des Lebens aufzeigen:

Erde: Der physische Körper und der Bereich der Erde.

Hexagramm 23. Der Bruch mit alten Bindungen, das Flüggewerden, um sich einen geeigneten Partner zu suchen, Geschlechtlichkeit, Befruchtung und Arterhaltung.

Hexagramm 15. Das Ausstoßen der Frucht, des Kindes usw., Ausgleichung.

Metall: Der Wunsch in das Leben hinauszugehen. Die Notwendigkeit reiflicher Überlegung und/oder äußerster Umsicht.

Hexagramm 43. Der Durchbruch; eine Pflanze, die aus der Erde hervorbricht; die Dinge zum Höhepunkt treiben, so daß sie zerbersten müssen; die Verhinderung einer solchen Entwicklung.

Hexagramm 10. Der Mut zu einer Handlung, die keine unüberlegte Dummheit darstellt.

Holz: Die Zeit des Wachstums und der Expansion.

Hexagramm 42. Opfer und Ausbreiten der Mehrung.

Hexagramm 32. Suche nach einem Partner von der eigenen Art, um die Kontinuität des Lebens zu bewahren.

In Schau Yungs Anordnung der Hexagramme liegen die Erd-Hexagramme gegenüber von den Metall-Hexagrammen; die Hexagramme des Wandlungszustands Holz hingegen liegen einander gegenüber.

Erde   gegenüber   Metall

23   43

gegenüber

15   10

Holz   Holz

―――――――   ――   ――
――   ――   gegenüber   ――   ――
――   ――   ―――――――
―――――――   ――   ――

42   32

In dieser Gegenüberstellung ist die Verteilung von Yin- und
Yang-Linien in den gegenüberliegenden Hexagrammen genau
entgegengesetzt.

8 DIE SECHS SPHÄREN VON SCHAU YUNGS KREISFÖRMIGER ANORDNUNG

Die geometrische Progression, auf die wir im Vorangegangenen bereits hingewiesen haben, ist vielleicht besser zu verstehen, wenn wir die beiden folgenden Abbildungen näher betrachten, in denen die Hexagramme in Schau Yungs Anordnung als weiße und schwarze Abschnitte gezeigt werden, wobei die sechs Kreisabschnitte die sechs Hexagramm-Linien repräsentieren. Im Herzen dieser Darstellungen ist das T'ai Chi, in regloser Gelassenheit ruhend, wo – paradoxerweise – die Bewegung einsetzt.

Die beiden innersten Halbkreise sind in beiden Darstellungen entweder durchgehend weiß (links, Yang) oder durchgehend schwarz (rechts, Yin), wie die untersten Linien des Frühen Himmels, auf dem diese bildlichen Darstellungen ja basieren. Der schwarze Halbkreis enthält einen dünnen, weißen Strich, der versinnbildlicht, daß selbst dort, wo die Dunkelheit am größten ist, Licht zu finden ist, denn das Schöpferische ist Yang, und Yin besitzt von sich aus kein sichtbares Leben. Wenn wir vom innersten zum zweiten Kreis, der zweiten Hexagramm-Linie, weitergehen, teilt sich die Süd/Nord-Aufteilung zusätzlich noch in eine Ost/West-Aufteilung. Wenn wir dann durch die Hexagramm-Linien nach außen weitergehen, nimmt die Anzahl der weißen und schwarzen Abschnitte immer mehr zu, bis im äußersten Kreis weiße und schwarze Quadrate einander unmittelbar abwechseln. In den äußeren drei Kreisen, die für die oberen Trigramme der Hexagramme stehen, sind die weißen Quadrate durch schwarze Striche voneinander getrennt; diese Unterteilung ist in den unteren oder inneren Trigrammen nicht vorhanden. Sie ist deswegen ein Zeichen dafür, daß das Auftrennen und Aufteilen eine Folge des Sich-Entfernens von dem vereinigenden Einfluß des T'ai Chi ist.

Schau Yungs kreisförmige Anordnung. Die Hexagramm-Linien werden hier durch schwarze und weiße Felder repräsentiert, um die Verteilung von Yin und Yang in den Zeichen zu verdeutlichen. Hier zieht Gleiches einander an und führt zur Anziehung der Gegensätze. Nur die äußeren Trigramme sind durch dünne Striche voneinander getrennt. Die Yang-Kraft ist im Yin als dünne weiße Trennlinie von Süden nach Norden anwesend.

Am Süd-‚Pol‘ der äußersten Sphäre der ersten Darstellung liegen zwei weiße Quadrate nebeneinander, am gegenüberliegenden Nord-‚Pol‘ zwei schwarze. Dies veranschaulicht das Gesetz, daß Gleich und Gleich einander anziehen, wohingegen Gegensätze einander abstoßen. Sobald diese Position erreicht ist, d. h. sobald der Süden vollkommen licht und der Norden vollkommen

Schau Yungs kreisförmige Anordnung. Süden und Norden sind in der rechten Hälfte umgekehrt. Hier ziehen die Gegensätze einander an, was schließlich dazu führt, daß Gleich und Gleich einander anziehen. Die Yang-Kraft ist im Yin als dünne weiße Trennlinie anwesend, die von Ost nach West verläuft.

dunkel ist, hat sich das Ungleichgewicht so weit gesteigert, daß sich die gesamte Struktur aufgrund natürlicher Gesetze in ihr Gegenteil kehren muß. Dies wird in der zweiten Darstellung veranschaulicht, wo die Hexagramme in der rechten Hälfte die umgekehrte Position einnehmen wie in der ersten; damit ist diese Hälfte von Schau Yungs Anordnung umgestülpt worden. Mit anderen Worten, im Süden erscheint jetzt neben dem weißen Quadrat anstelle eines weißen ein schwarzes Quadrat und im

Norden neben dem schwarzen Quadrat ein weißes. Die beiden Bilder illustrieren also das Umspringen oder Ineinander-Hineinlaufen der kosmischen Kräfte. Es wird Ihnen nicht entgangen sein, daß sich diese Wandlung in der rechten oder Yin-Hälfte vollzieht; ein weiterer Beweis für die Instabilität von Yin und die Stabilität von Yang. Im äußersten Kreis, in dem die schwarzen und weißen Quadrate einander nicht nur fortwährend abwechseln, sondern darüber hinaus ihr Vorzeichen von positiv zu negativ und von negativ zu positiv verändern, zeigen diese Quadrate die verwirrende Anziehungskraft an, die von den Gegensatzpaaren der physischen Existenz mal in diese und dann wieder in jene Richtung ausgeübt wird.

In Schau Yungs kreisförmiger Anordnung erscheinen die unteren inneren Trigramme in Achtergruppen, wohingegen die äußeren Trigramme jeweils für sich stehen.

Das wird in der folgenden Darstellung noch deutlicher. Sie zeigt Schau Yungs quadratische Anordnung, in der die unteren Trigramme wie in der kreisförmigen Anordnung in Achtergruppen erscheinen, wenn man sie horizontal liest, wohingegen sie in den

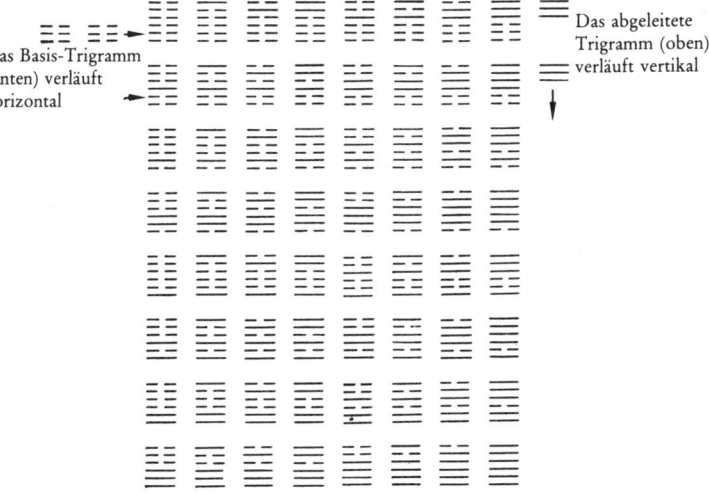

Das Basis-Trigramm (unten) verläuft horizontal

Das abgeleitete Trigramm (oben) verläuft vertikal

Schau Yungs quadratische Anordnung

vertikalen Spalten jeweils für sich allein erscheinen. Derselbe Fall gilt (in Umkehrung) auch für die abgeleiteten oberen Trigramme. Wenn wir sie horizontal lesen, erscheinen sie (wie in Schau Yungs kreisförmiger Anordnung) für sich allein, lesen wir sie hingegen in ihrer vertikalen Ordnung, dann bilden sie jeweils eine Achtergruppe. Dies veranschaulicht die sich kreuz und quer überschneidenden Muster des Lebens.

Die Darstellungen der folgenden Seiten werden dies vielleicht noch ein wenig klarer machen. Im Bild auf Seite 107 ist die unterste (innere) Linie des Frühen Himmels auf der linken Seite eine Yang-Linie und auf der rechten Seite eine Yin-Linie. Dies entspricht auf der folgenden Doppelseite den weißen oder schwarzen Zentren der Kreise, die für je eine Trigrammgruppe stehen. Die rechteckigen Kästchen unter den Kreisen folgen demselben Muster, jedoch nicht mehr in Kreisform.

Die acht Trigrammgruppen bilden die Hexagramme von Schau Yungs kreisförmiger und quadratischer Anordnung. In jeder der Gruppen ist das innere, bzw. untere Trigramm konstant und wird jeweils mit allen acht Trigrammen kombiniert. Die Zahlen entsprechen den auf diese Art entstehenden Hexagrammen. In den Kreisdarstellungen mit (weißem) Yang-Kern (unterste Linie) bewegen sich die Hexagramme im Uhrzeigersinn, in denen mit (schwarzem) Yin-Kern entgegengesetzt. Auf diese Art hat jede Trigramm-Gruppe ihre exakte Umkehrung, das heißt, der erste Kreis entspricht dem fünften, in dem Yin und Yang genau umgekehrt verteilt sind, der zweite entspricht dem sechsten usw.

Hierbei ist zu beachten, daß diese acht Hexagrammgruppen mit jeweils gleichen inneren Trigrammen nicht mit den acht Häusern des I Ging identisch sind, auf die wir im folgenden Kapitel eingehen werden.

Wenn Sie nun nochmals zu den Kreisbildern auf den Seiten 103 und 104 zurückblättern und sich darauf konzentrieren, werden Ihnen wahrscheinlich in diesen Mustern zwei ineinander verflochtene Dreiecke auffallen, deren Scheitel nach Süden und nach Norden zeigen. Es handelt sich hierbei natürlich um die beiden Dreiecke des chinesischen Kosmos, mit denen wir uns schon beschäftigt haben, und die auf Seite 43 abgebildet sind.

Die Entwicklung des T'ai-Chi-Symbols aus der Wandlung von Yin und Yang im frühen Himmel

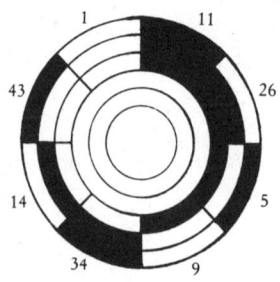

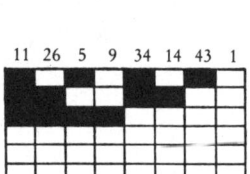

Trigramm Kiën
Das Schöpferische
Der Himmel

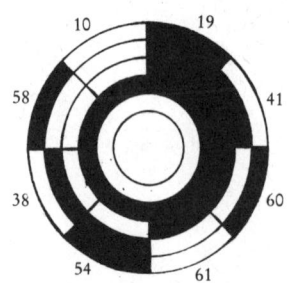

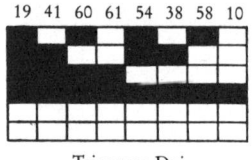

Trigramm Dui
Der See

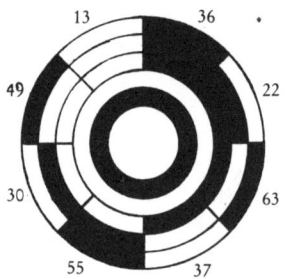

Trigramm Li
Das Feuer

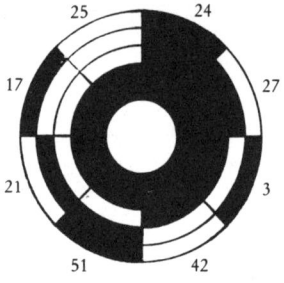

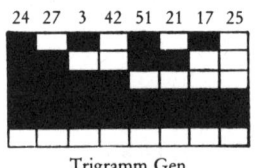

Trigramm Gen
Der Berg

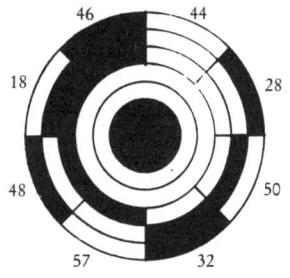

46 18 48 57 32 50 28 44

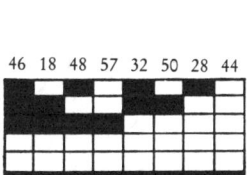

Trigramm Sun
Der Wind

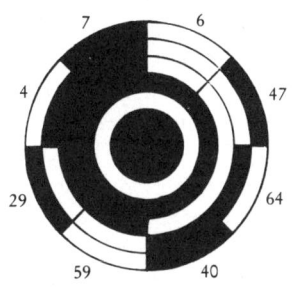

7   4   29 59 40 64 47 6

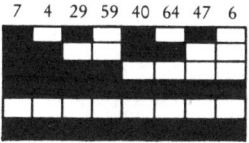

Trigramm Kan
Das Wasser

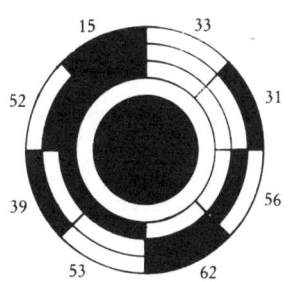

15 52 39 53 62 56 31 33

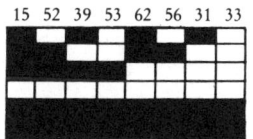

Trigramm Dschen
Der Donner

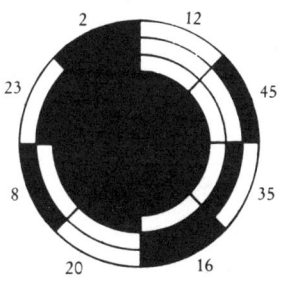

2   23 8   20 16 35 45 12

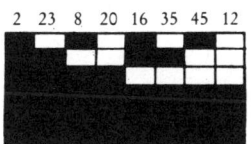

Trigramm Kun
Das Empfangende
Die Erde

Die Grundlinie eines Hexagramms beschreibt im allgemeinen eine Situation, die sich gerade zu formieren beginnt, eine Situation, die man noch kaum betreten hat. Dieser Zustand wandelt sich dann über die verschiedenen Linien des Hexagramms, bis er zur obersten Linie vorgedrungen ist, die anzeigt, daß der Höhepunkt erreicht wurde und man sich dementsprechend aus der vom Hexagramm charakterisierten Situation hinausbewegt. Es gibt also eine Bewegung vom Zentrum nach außen, in deren Verlauf Yin und Yang beständig aufeinander einwirken. Wenn die äußerste Linie erreicht wurde, kann sich die Bewegungsrichtung umkehren, so daß sich auch die Hexagramme umkehren (eine Erscheinung, die wir mit Hilfe der reflektierenden Dreiecke der Kabbala zu erklären versuchten) und die unterste Linie die dem T'ai Chi nächstgelegene Linie werden kann.

Manche Esoteriker lehren, daß sich die positiven und negativen Kräfte auf den verschiedenen Ebenen oder Sphären der Existenz umkehren. So ist der Mann auf der Ebene der Materie positiv und die Frau negativ; auf der astralen (emotionalen) Ebene hingegen wird die Frau positiv und der Mann negativ. Eine weitere Umkehrung findet dann auf der unteren mentalen Ebene statt, usw.

Wenn wir sie von außen nach innen lesen, können die Funktionen der sechs Sphären oder Ebenen von Schau Yungs Anordnung als die sechs Ebenen der Existenz verstanden werden.* Sie teilen sich folgendermaßen auf:

DIE DREI EBENEN ODER SPHÄREN DES ÄUSSEREN TRIGRAMMS

Ebene 1 (sechste oder oberste Hexagramm-Linie): Dies ist der äußere Kreis, in dem Yin und Yang einander abwechseln und wo der Mensch durch gegensätzliche Kräfte hin- und hergeworfen wird, der Ort des Alltagslebens, die physische Welt.

Ebene 2 (fünfte Hexagramm-Linie): Der emotionale oder Gefühls-Bereich, in dem sich der Mensch über die rein weltlichen Dinge zu erheben beginnt.

Ebene 3 (vierte Hexagramm-Linie): Der Bereich des Verstandes,

---

* I. und L. E. Mears vertreten diese Ansicht in ihrem Buch *Creative Energy;* siehe S. 83 ff.

in dem die Fähigkeit der Konzentration entwickelter ist und der sich, da das Hin und Her zwischen Yin und Yang wesentlich zurückgegangen ist, durch mehr Ruhe und Gelassenheit auszeichnet als die anderen beiden Ebenen.

Ebene 4 (dritte Hexagramm-Linie): Das Erwachen zu einem spirituellen Bewußtsein, ohne daß damit die Dinge der Welt (Erde) ihre Anziehungskraft vollständig eingebüßt hätten. Der dritte Platz im Hexagramm ist sehr labil. Er ist weder rein spirituell noch rein materiell und zeigt damit gewöhnlich die Schwäche der Person oder Situation an, die durch das jeweilige Hexagramm charakterisiert wird.

Ebene 5 (zweite Hexagramm-Linie): Das Aufsteigen aus einem erdverhafteten zu einem höheren Bewußtsein.

Ebene 6 (erste oder unterste Hexagramm-Linie): Die Vergegenwärtigung und Verwirklichung des einen SEINS des Lebens.

Nachdem er nun die innerste Sphäre oder die Ebene erreicht hat, die dem T'ai Chi am nächsten liegt, muß der Mensch, sein Wissen und seine Erkenntnisse mit der Welt teilen, indem er ihren Glanz auf die Welt herabstrahlen läßt oder selbst noch einmal in die Welt hinabsteigt. Dieser Abstieg vollzieht sich auf die gleiche Art und Weise, auf die das T'ai Chi in die Materie hinabzusteigen scheint. Der Mensch erhebt sich dann allmählich von instinktiven Reflexen und Reaktionen zur Ausübung bewußter Anstrengung und kehrt damit – wie es von den Hexagrammen 63, 64 und 1 und von dem anhaltenden Umkehren der Hexagramme in König Wens numerischen Paaren gezeigt wird – zum T'ai Chi zurück. Die paarweise auftretenden fundamentalen Gesetze des Universums, auf die wir schon zu Beginn unserer Untersuchung eingegangen sind (siehe Seite 12 ff.), zeigen dem Menschen, daß die Starken die Schwachen unterstützen sollen ═══ und andererseits die Schwachen den Starken zu folgen haben ═══. Wenn die Starken jedoch den Schwachen gegenüber ihre Stärke ausnutzen, herrscht das Gesetz des Dschungels.

Der Himmel trägt die Erde. Andererseits muß die Erde (weiblich) dem Himmel (männlich) folgen, und so kreist die Erde um die Sonne (und nicht die Sonne um die Erde). Die Erde darf den Himmel nicht abweisen, doch ist Ablehnen und Zurückweisen eine Eigenart der Yin-Kraft. Der menschliche Körper (Yin) wehrt sich gegen alle von außen eindringenden Elemente. Ärzte, die sich mit der Transplantation von Organen beschäftigen, wissen das. Menschen, die nur an der physischen Existenz und an ihren irdischen Wünschen interessiert sind, weisen Spiritualität und spirituelle Entwicklung zurück. Zu allen Zeiten sind Menschen, die auf die Zusammenhänge von Himmel und Erde hinwiesen, von vielen ihrer Zeitgenossen verspottet, verachtet und verfolgt worden.

Wir kennen die Redensarten, ‚daß der Teufel sich um die seinen kümmert‘ und daß ‚die besten jung sterben‘. Trotz des recht sarkastischen Beigeschmacks dieser Aussagen, verbirgt sich dahinter doch eine Wahrheit, denn die Erde wird den Menschen tragen und unterstützen, wenn er weltlich (d. h. von der Erde) ist, stammt er jedoch vom Himmel ab, dann gibt es hier keinen rechten Platz für ihn. Und trotzdem muß der Mensch nach Höherem streben, denn nur so kann der Himmel seine Fülle über ihn ausschütten. Der Himmel wird sich niemals der Erde aufdrängen oder gar aufzwingen. Deswegen muß der erste Schritt von der Erde ausgehen. In diesem Kapitel habe ich mich darum bemüht, die komplexen Bewegungsmuster der Hexagramme des I Ging zu skizzieren, die von innen nach außen und von außen nach innen verlaufen, von oben nach unten und von unten nach oben, zuerst nach der einen und dann nach der anderen Seite. Diese Vorstellungen sind schwer zu begreifen, unergründlich und voller Widersprüchlichkeiten, doch dies ist auch, daran gibt es keinen Zweifel, das Grundmuster des sich ewig wandelnden und entwickelnden Universums.

Der Mensch muß lernen, inmitten dieses Durcheinanders des äußerlichen schnellen Yin-Yang-Wechsels die Ruhe zu bewahren und sich in das innerste Zentrum seines Seins (das ruhende Yin- oder Yang-Zentrum des Kreises) zurückzuziehen, um dort, wo alles Eins und vollendete Stille ist, mit seinem Schöpfer in Berührung zu kommen.

In allen Wechselfällen des Lebens sollte er nach Möglichkeit abrupte und gewaltsame Eingriffe vermeiden, insbesondere wenn er sich in Verlegenheit befindet. Ist eine Handlung jedoch unvermeidlich und zur Erhaltung des Allgemeinwohls unerläßlich dann muß sie aus dem Zentrum seines Seins, aus seinem höheren Selbst kommen, das im T'ai Chi ruht, und nicht vom niederen Selbst, das von den sich unablässig manifestierenden Gegensätzen erbarmungslos hin- und hergeworfen wird. Der Mensch muß lernen, diese Gegensätze auszugleichen, er muß dem goldenen Mittelweg folgen und die Extreme vermeiden. Das ist die Philosophie des I Ging und der Weg des Edlen – für die vielen unzufriedenen und verlorenen Menschen unseres heutigen rastlosen Lebens wahrhaft eine herausragende Botschaft.

9 DIE MUTIERENDEN HEXAGRAMME UND DIE HÄUSER DES I GING

Vor kurzem erst stieß ich auf eine Anordnung der 64 Hexagramme, mit deren Hilfe man sich angeblich eine Methode erarbeiten kann, seine Lebensumstände zu verändern. Meines Erachtens trägt diese Tafel weniger zu einer Klärung des Gegenstandes bei, sondern verwischt ihn vielmehr, doch ist dies nur meine persönliche Ansicht. Einige von Ihnen mögen darin tatsächlich eine Hilfe sehen, die beim Orakel und für die allgemeine Lebensberatung eine wertvolle Ergänzung liefert. Wie dem auch sei, ich würde es schade finden, sie hier nicht einzuschließen, denn sie stellt zumindestens ein interessantes Studienobjekt dar. Darüber hinaus gab sie mir den Schlüssel, mit dem ich endlich die acht Häuser des I Ging zu verstehen anfing. Bevor mir diese Tafel zu Gesicht kam, hatte ich von ihnen nicht allzuviel begriffen. Ich werde den Zusammenhang im weiteren Verlauf des Kapitels erklären.

Die Hexagrammanordnung auf den nächsten Seiten* enthält dreizehn Spalten, in denen die Hexagramme der ersten und der letzten Spalte identisch sind, während jene in der mittleren (d. h. der siebenten) Spalte in bezug auf die Verteilung der Yin- und Yang-Linien das genaue Gegenteil darstellen. Mit anderen Worten, jedes Hexagramm wandelt sich nach sechs Mutationen in sein Gegenteil und kehrt nach sechs weiteren Mutationen – nach insgesamt zwölf Schritten also – zu seiner ursprünglichen Gestalt zurück. Diese Wandlungen werden durch eine einzige Wandlungslinie verursacht, die sich über die einzelnen Schritte von unten nach oben durch das Hexagramm bewegt. Diese Tafel enthält alle Hexagramme; sie erscheinen untereinander in den Spalten eins und dreizehn in der numerischen Anordnung König Wens.

---

* entnommen aus W. A. Sherrill, *Heritage of Change*, S. 81–91

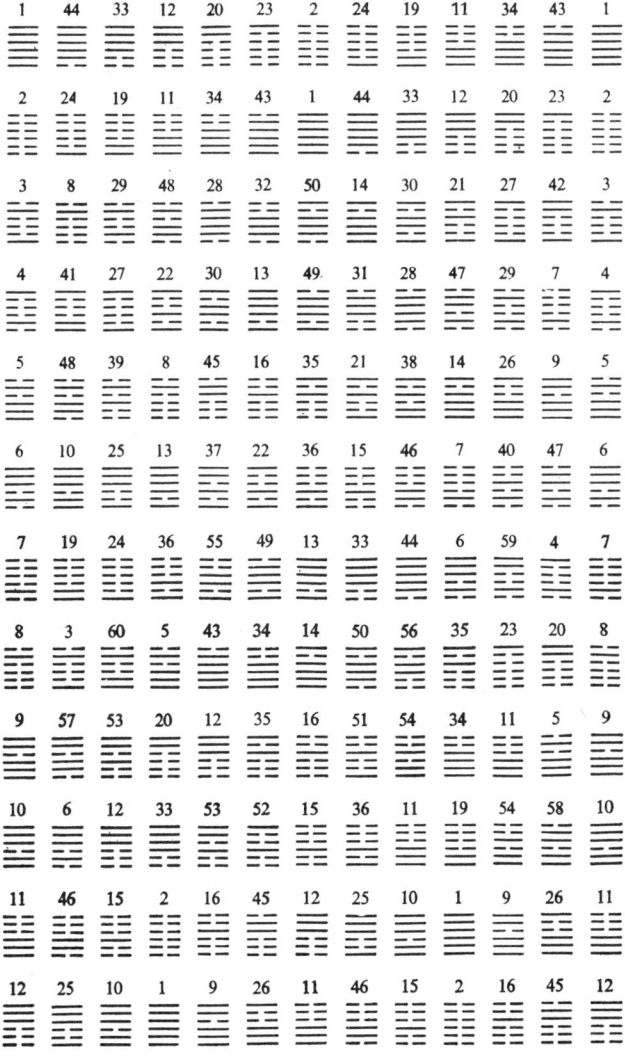

*Die Hexagramme in Mutation (Anwendbar bei sich wiederho-
lenden Zyklen, also Tagen, Wochen, Jahreszeiten, Jahren, etc.)*

13	33	44	6	59	4	7	19	24	36	55	49	13
14	50	56	35	23	20	8	3	60	5	43	34	14
15	36	11	19	54	58	10	6	12	33	53	52	15
16	51	54	34	11	5	9	57	53	20	12	35	16
17	45	47	28	48	46	18	26	22	27	21	25	17
18	26	22	27	21	25	17	45	47	28	48	46	18
19	7	2	15	62	31	33	13	1	10	61	41	19
20	42	61	9	1	14	34	32	62	16	2	8	20
21	35	64	50	18	57	48	5	63	3	17	51	21
22	52	18	4	64	6	47	58	17	49	63	36	22
23	27	41	26	14	1	43	28	31	45	8	2	23
24	2	7	46	32	28	44	1	13	25	42	27	24

Die Hexagramme in Mutation (Fortsetzung)

25	12	6	44	57	18	46	11	36	24	51	17	25
26	18	52	23	35	12	45	17	58	43	5	11	26
27	23	4	18	50	44	28	43	49	17	3	24	27
28	43	49	17	3	24	27	23	4	18	50	44	28
29	60	3	63	49	55	30	56	50	64	4	59	29
30	56	50	64	4	59	29	60	3	63	49	55	30
31	49	43	58	60	19	41	4	23	52	56	33	31
32	34	55	51	24	3	42	20	59	57	44	50	32
33	13	1	10	61	41	19	7	2	15	62	31	33
34	32	62	16	2	8	20	42	61	9	1	14	34
35	21	38	14	26	9	5	48	39	8	45	16	35
36	15	46	7	40	47	6	10	25	13	37	22	36

37	53	57	59	6	64	40	54	51	55	36	63	37
38	64	35	56	52	53	39	63	5	60	58	54	38
39	63	5	60	58	54	38	64	35	56	52	53	39
40	54	51	55	36	63	37	53	57	59	6	64	40
41	4	23	52	56	33	31	49	43	58	60	19	41
42	20	59	57	44	50	32	34	55	51	24	3	42
43	28	31	45	8	2	23	27	41	26	14	1	43
44	1	13	25	42	27	24	2	7	46	32	28	44
45	17	58	43	5	11	26	18	52	23	35	12	45
46	11	36	24	51	17	25	12	6	44	57	18	46
47	58	17	49	63	36	22	52	18	4	64	6	47
48	5	63	3	17	51	21	35	64	50	18	57	48

Die Hexagramme in Mutation (Fortsetzung)

49	31	28	47	29	7	4	41	27	22	30	13	49
50	14	30	21	27	42	3	8	29	48	28	32	50
51	16	40	32	46	48	57	9	37	42	25	21	51
52	22	26	41	38	10	58	47	45	31	39	15	52
53	37	9	61	10	38	54	40	16	62	15	39	53
54	40	16	62	15	39	53	37	9	61	10	38	54
55	62	32	40	7	29	59	61	42	37	13	30	55
56	30	14	38	41	61	60	29	8	39	31	62	56
57	9	37	42	25	21	51	16	40	32	46	48	57
58	47	45	31	39	15	52	22	26	41	38	10	58
59	61	42	37	13	30	55	62	32	40	7	29	59
60	29	8	39	31	62	56	30	14	38	41	61	60

61	59	20	53	33	56	62	55	34	54	19	60	61
䷲	䷲	䷲	䷲	䷲	䷲	䷲	䷲	䷲	䷲	䷲	䷲	䷲

62	55	34	54	19	60	61	59	20	53	33	56	62
䷲	䷲	䷲	䷲	䷲	䷲	䷲	䷲	䷲	䷲	䷲	䷲	䷲

63	39	48	29	47	40	64	38	21	30	22	37	63
䷲	䷲	䷲	䷲	䷲	䷲	䷲	䷲	䷲	䷲	䷲	䷲	䷲

64	38	21	30	22	37	63	39	48	29	47	40	64
䷲	䷲	䷲	䷲	䷲	䷲	䷲	䷲	䷲	䷲	䷲	䷲	䷲

Die Hexagramme in Mutation (Fortsetzung)

Wie später noch erklärt werden wird, können wir die Hexagramme entweder paarweise oder in Doppelpaaren lesen. Es fällt auf, daß, wenn wir die Hexagramme horizontal lesen, sowohl die erste (beginnend mit Hexagramm 1) als auch die zweite Reihe (beginnend mit Hexagramm 2) alle Kalender-Hexagramme enthält und deswegen mit den Monaten des Jahres in Verbindung steht (siehe S. 86). Die restlichen 62 Reihen der Mutationen mögen ähnliche Verbindungen aufweisen. Ferner könnte zwischen den zwölf Spalten (die dreizehnte ist ja nur eine Wiederholung der ersten) und den Abteilungen des Tierkreises ein Zusammenhang bestehen. Die sechs Mutationen könnten sehr wohl die sechs Werktage darstellen; eine siebte Mutation tritt nicht in Erscheinung, weil der siebente Tag ein Ruhetag ist, an dem alle Tätigkeit (d. h. Wandlung) ruht.

Da die sechste Mutation in bezug auf die Verteilung von Yin- und Yang-Linien das genaue Gegenteil der entsprechenden Hexagramme in der ersten Spalte ist, zeigt dies die Wandlungen an, die durch das Vorübergehen der Zeit hervorgebracht werden (wie schon durch die Anordnung Schau Yungs, den Frühen Himmel und die Kalender-Hexagramme veranschaulicht). Mit anderen Worten: Wenn man sie horizontal liest, zeigen die Hexagramme die Zeit an. Liest man sie hingegen vertikal, dann zeigen sie den Raum oder den Ort an, denn jede Spalte ist für sich nach König Wens Spätem Himmel angeordnet. Jede Reihe stellt einen bestimmten Zyklus dar. Lesen wir die Hexagramme einer Reihe also von links nach rechts, dann zeigt dies, wie sich die Situation innerhalb jenes Zyklus' wahrscheinlich entwickeln wird. Lesen wir sie von rechts nach links, dann werden dadurch die Ursachen enthüllt, die zur Entstehung der gegenwärtigen Situation geführt haben.*

Die Mutationen dieser zyklischen Hexagramme können, wie dies generell auf jedes Hexagramm zutrifft, durch die Eingriffe des Schicksals und – in Grenzen – auch durch die Entscheidungen des Menschen, verändert oder unterbrochen werden. Wenn Sie also Ihre Lage innerhalb eines bestimmten Zyklus verändern wollen, dann wird Sie diese Tabelle darüber aufklären, wie Sie dies erreichen können. Indem Sie nämlich das Hexagramm herausfinden, das Ihrer gegenwärtigen Situation am nächsten kommt, und dann das Hexagramm feststellen, das den von Ihnen erwünschten Zustand repräsentiert, können Sie sich durch die notwendigen Mutationen, die noch gemacht werden müssen, hindurcharbeiten und den Linien-Text des I Ging jeweils als einen Leitfaden konsultieren.

Derselbe Prozeß ist natürlich auch für eine Veränderung denkbar, die Sie außerhalb eines bestimmten Zyklus' erreichen wollen, nur stellt dies eine ungeheure und komplizierte Aufgabe dar, denn Sie müßten dabei ja von einer Reihe zu einer anderen übergehen, die Linien auffinden, an denen eine Veränderung zu machen oder zu unterlassen ist und gleichzeitig mit aller Genauigkeit feststellen, ob sich die Hinweise des I Ging auf eine Person, eine Situation oder auf einen anderen Faktor beziehen. Bedenken Sie, daß immer das ganze Hexagramm in Betracht gezogen werden muß, um die Korrektheit eines Ortes und die einzelnen Linien zu errechnen, die die Zeit anzeigen. Es ist wesentlich leichter, das Muster zu entdecken, das die Hexagramme gewebt haben, *nachdem* ein Ereignis tatsächlich eingetroffen ist, denn dann können Sie Rückschau halten und die einzelnen Mutationen ausfindig machen.

---

* siehe W. A. Sherrill, *Heritage of Change*, S. 92.

Die acht nicht umkehrbaren Hexagramme 1, 2, 27, 28, 29, 30, 61 und 62 erscheinen in der Tabelle der mutierenden Hexagramme in der ersten senkrechten Spalte in Paaren übereinander. In der sechsten Mutation hat sich die Reihenfolge in den Paaren umgekehrt, denn die Hexagramme sind hinsichtlich ihrer Verteilung von Yin- und Yang-Linien genau entgegengesetzt (für Paare in der numerischen Anordnung König Wens eine Seltenheit).

erste Spalte	siebente Spalte (sechste Mutation)
1 ⎫	2 ⎫
2 ⎭	1 ⎭
27 ⎫	28 ⎫
28 ⎭	27 ⎭
29 ⎫	30 ⎫
30 ⎭	29 ⎭
61 ⎫	62 ⎫
62 ⎭	61 ⎭

Dies gilt auch für die folgenden (zu Paaren verbundenen) Hexagramme, die, obwohl nicht umkehrbar wie die obigen acht Zeichen, ihrem Yin-Yang-Aufbau nach ebenfalls entgegengesetzt sind.

erste Spalte	siebente Spalte (sechste Mutation)
11 ⎫	12 ⎫
12 ⎭	11 ⎭
17 ⎫	18 ⎫
18 ⎭	17 ⎭
53 ⎫	54 ⎫
54 ⎭	53 ⎭
63 ⎫	64 ⎫
64 ⎭	63 ⎭

Zu den zuerst aufgeführten Hexagramm-Paaren gehören die Doppelzeichen 1, 2, 29 und 30, die die Kräfte von Yin und Yang und die inneren Wandlungszustände betreffen. Die übrigen Doppelzeichen 51, 52, 57 und 58, die die Trigramme der äußeren Wandlungszustände enthalten, mutieren jedoch auf eine andere Art und Weise, denn ihre Yin- und Yang-Linien verschieben sich bei der Umkehrung:

erste Spalte   siebente Spalte (sechste Mutation)

$\left.\begin{array}{l}51\\57\end{array}\right\}$ $\left.\begin{array}{l}57\\51\end{array}\right\}$

$\left.\begin{array}{l}52\\58\end{array}\right\}$ $\left.\begin{array}{l}58\\52\end{array}\right\}$

Diese Hexagramme bilden also einen Block von vier gegensätzlichen Zeichen und nicht nur ein Gegensatzpaar. Alle übrigen Hexagramme (außer den oben aufgeführten) mutieren ebenfalls in Viererblöcken, wie z. B.:

↑   Hexagramm $\left.\begin{array}{l}3\\4\end{array}\right\}$ mutiert zu Hexagramm $\left.\begin{array}{l}50\\49\end{array}\right\}$ und $\left.\begin{array}{l}50\\49\end{array}\right\}$ zu $\left.\begin{array}{l}3\\4\end{array}\right\}$

König Wen
(Später
Himmel)

↓   Hexagramm $\left.\begin{array}{l}5\\6\end{array}\right\}$ mutiert zu Hexagramm $\left.\begin{array}{l}35\\36\end{array}\right\}$ und $\left.\begin{array}{l}35\\36\end{array}\right\}$ zu $\left.\begin{array}{l}5\\6\end{array}\right\}$

←———— Schau Yung (Früher Himmel) ————→

Wenn wir sie von links nach rechts lesen, beschäftigt sich die obige Mutation von Hexagramm 3 in Hexagramm 50 und von Hexagramm 50 zurück zu Hexagramm 3 (von 4 in 49 und von 49 in 4, usw.) mit dem Frühen Himmel, d. h. sie betrifft die Zeit. Die Mutation von 3 zu 4 oder von 4 zu 3 (von 49 zu 50 oder von 50 zu 49 usw.) hingegen betrifft den Späten Himmel oder den Ort, bzw. Raum.

Bis ich mich eingehend mit dem System der mutierenden Hexagramme beschäftigt hatte, war ich durch die Anordnung der He-

xagramme in Häuser, wie sie am Schluß der wilhelmschen Übersetzung aufgeführt wird,* außerordentlich verwirrt. Nachdem
ich jedoch diese sich über zwölf Stufen vollziehende Mutation
untersucht hatte, fragte ich mich, ob es nicht vielleicht eine acht-
stufige Mutation geben sollte, die den acht Häusern entspräche.
Ich ordnete die Hexagramme also nach der vom I Ging vorge-
schriebenen Reihenfolge in Spalten, die mit einem Doppelzeichen beginnen, in ihrem jeweiligen Haus übereinander (siehe
übernächste Seite).

In diesem Schema wird ein bestimmtes Mutationsmuster sichtbar. Wenn man die Spalten von oben nach unten liest, wird man
entdecken, daß sich die Hexagramme analog zu der Folge der
mutierenden Hexagramme (S. 115 ff.) wandeln. Dort vollzog
sich diese Wandlung jedoch horizontal, wohingegen sie hier in
der Senkrechten geschieht. Wenn wir also in den einzelnen Spalten von oben nach unten lesen, geschieht die Mutation durch eine
Umkehrung der untersten Yin- oder Yang-Linie. Das nächste
Hexagramm darunter wird dann durch eine Umkehrung der
zweiten Linie gebildet. Dieses Mutationsmuster schreitet bis zur
fünften Linie fort. Dort macht es jedoch Halt, denn eine Umkehrung der sechsten Linie würde zu dem entgegengesetzten Doppelzeichen und damit zu einem anderen Haus führen. Zum Beispiel würde im Haus des Schöpferischen die sechste Mutation
von Hexagramm 23 ䷖ zu Hexagramm 2 ䷁ führen,
wenn man auch noch die sechste Linie wandeln würde. Hexagramm 2 gehört jedoch zum Haus des Empfangenden, und deswegen findet eine derartige Wandlung hier nicht statt.
Die Wandlung geht stattdessen von Linie fünf zu Linie vier zurück. Für diesen Sachverhalt kann ich im Moment noch keine
Erklärung anbieten. Vielleicht ist die Lösung dieses Rätsels in einem noch unübersetzten chinesischen Buch zum I Ging enthalten. Ebensowenig kann ich mir erklären, wie diese wiederholte
Wandlung auf dem vierten Platz (der ja die unterste Linie des
oberen Trigramms ist) verursacht, daß sich das ganze untere Tri-

---

* R. Wilhelm, *I Ging*, S. 636 ff.

gramm im achten Mutationsschritt in sein Gegenteil kehrt; eine
Wandlung der fünften Linie bringt das Hexagramm in der achten
Reihe (von oben gelesen) nämlich wieder zum Doppelzeichen
des Hauses zurück. Es wird Ihnen auffallen, daß das Schöpferische und das Empfangende jeweils alle positiven und negativen
Kalender-Hexagramme in ihren Häusern enthalten. Die sechs
positiven Kalenderzeichen gehören zum Haus des Schöpferi-
schen, die sechs negativen zum Haus des Empfangenden. Au-
ßerdem enthalten sie aufgrund der wiederholten Wandlung der
Linien Vier und Fünf die Trigramme des Feuers und des Wassers
– die Entsprechungen vom Schöpferischen und vom Empfan-
genden im Späten Himmel – als obere Trigramme.
In bezug auf die kosmische Entfaltung gibt uns das I Ging zu den
einzelnen Häusern die folgende Erklärung:
Erstes Haus, *Das Schöpferische*
Gott kämpft und strebt im Schöpferischen.
Zweites Haus, *Das Abgründige*
Gott müht sich im Abgründigen.
Drittes Haus, *Das Stillhalten*
Gott vollendet die Arbeit des Jahres und bringt alle lebenden
Dinge im Stillhalten zu Reifung und Vollkommenheit.
Viertes Haus, *Das Erregende*
Gott beginnt seine Schöpfertätigkeit im Erregenden und offen-
bart sich im Donner.
Fünftes Haus, *Das Sanfte*
Gott bringt, was er erwirkt, zu voller und gleichberechtigter
Entfaltung und vervollkommnet es im Sanften.
Sechstes Haus, *Das Haftende*
Was Gott erwirkt, manifestiert sich füreinander im Haftenden,
das die Wesen einander wahrnehmen läßt.
Siebentes Haus, *Das Empfangende*
Gott läßt die Dinge im Empfangenden einander dienen, denn
dort wird ihm der größte Dienst geleistet.
Achtes Haus, *Das Heitere*
Gott erfreut sich im Heiteren.

1 Das Schöpferische	2 Das Abgründige	3 Das Stillhalten	4 Das Erregende	5 Das Sanfte	6 Das Haftende	7 Das Empfangende	8 Das Heitere
1	29	52	51	57	30	2	58
44	60	22	16	9	56	24	47
33	3	26	40	37	50	19	45
12	63	41	32	42	64	11	31
20	49	38	46	25	4	34	39
23	55	10	48	21	59	43	15
35	36	61	28	27	6	5	62
14	7	53	17	18	13	8	54

Die acht Häuser des I Ging

10 DIE LINIEN IN EINEM HEXAGRAMM

Wenn wir uns an die Interpretation eines Hexagramms machen, das wir als Antwort auf eine Orakelbefragung erhalten haben, sollten wir bedenken, daß jede Linie dieses Hexagramms für den Inhalt unserer Befragung relevant ist, die Wandlungslinien jedoch von größter Wichtigkeit sind, denn sie geben uns die Direktiven, an die wir uns halten sollten. Da gewöhnlich eine oder mehrere Wandlungslinien auftauchen, bildet sich aus diesem ersten Hexagramm ein zweites Hexagramm, dessen Linien ebenfalls von Bedeutung sind. In diesem zweiten Hexagramm sind besonders jene Linien wichtig, die die Position der Wandlungslinien des ersten Hexagrammes einnehmen. Ganz gleich, ob sie sich wandeln oder statisch sind, haben alle Linien beider Hexagramme zu der in Frage stehenden Situation einen Bezug.

Jedes Hexagramm kann von unten nach oben und von oben nach unten gelesen werden, denn es enthält sowohl Yin- als auch Yang-Linien (mit Ausnahme der Hexagramme 1 und 2, die für sich genommen die mächtigen Kräfte von Yin und Yang in ihrer vollen Reinheit repräsentieren; auch sie enthalten jedoch schon im Keim die Gegenkraft in sich). Man muß Yin und Yang intuitiv aufnehmen, hinsichtlich der Yin- oder Yang-Kräfte in eine bestimmte Richtung ,gezogen' werden, die die ganze Antwort beeinflußt. Aus diesem Grund ist es auch besonders schwierig, das I Ging zu benutzen, wenn man persönlich in den Inhalt der Befragung verwickelt ist, denn unter solchen Umständen ist es fast unmöglich, das Wunschdenken des niederen Geistes ganz auszuschalten.

Das I Ging assoziiert mit der Begegnung von Yin und Yang den Niederschlag, der das Lebensblut unseres Planeten ist, und deswegen ist Wasser (Regen) der erste Wandlungszustand.

Zwischen den Gegensatzpaaren besteht folgende Wechselwirkung:

Yin	} Himmel
Yang	
Bosheit	} Mensch
Nächstenliebe	
weich	} Erde
hart	

Es ist wichtig sich zu vergegenwärtigen, daß Yang nicht nur für den Himmel, den Frühen Himmel und das nicht-sichtbare Geistige, sondern auch für die Zeit steht. Analog dazu ist Yin nicht nur ein Symbol der Erde, des Späten Himmels und der greifbaren Dinge, sondern auch ein Symbol für den Raum. Wir lesen dazu im I Ging: »Infolge der Einheitlichkeit des Zeichens stehen die einzelnen Linien in einem fortlaufenden Zusammenhang, der in seinem Fortschritt die Idee des Ganzen noch weiter aufklärt. In dieser Beziehung steht das Zeichen ‚das Schöpferische‘ im Gegensatz zum Zeichen ‚das Empfangende‘, wo die einzelnen Linienelemente ohne inneren Zusammenhang nebeneinander stehen. Das hängt mit dem zeitlichen Charakter des Zeichens ‚das Schöpferische‘ im Gegensatz zu dem räumlichen Charakter des Zeichens ‚das Empfangende‘ zusammen.«*

Demnach zeigen die individuellen Linien der Hexagramme die Zeit an; auch der Frühe Himmel steht für die Zeit. Aus diesem Grund bilden die Trigramme des Frühen Himmels die Grundlage für Schau Yungs kreisförmige Anordnung, die sich mit den Kalender-Hexagrammen, den Monaten und den Jahreszeiten befaßt.

Da, wie wir gerade gehört haben, die individuellen Yin-Linien ohne inneren Zusammenhang nebeneinander stehen, zeigt das Hexagramm als ganzes Raum an (im Gegensatz zu den individuellen Linien, die die Zeit repräsentieren). Deswegen verweisen die Hexagramme von König Wen in ihrer numerischen Ordnung, in der sie im I Ging erscheinen (die auf seiner Anordnung

---

* R. Wilhelm, *I Ging*, S. 349.

des Späten Himmels aufbaut), wenn sie als ganze Hexagramme betrachtet werden, auf den Raum oder den Ort. Die folgende Gegenüberstellung wird dies noch weiter klären helfen:

Zeit	*Raum/Ort*
Yang, Himmel, das Denken, das Geistige, die unsichtbaren Dinge, die einzelnen Trigramm-Linien, die Trigramme des Frühen Himmels, die Anordnung Schau Yungs (die die Ursachen des jahreszeitlichen Wandels aufzeigt).	Yin, Erde, Materie, das sich manifestiert habende Leben, die Hexagramme in ihrer jeweiligen Gesamtheit, die Trigramme des Späten Himmels, die numerische Reihenfolge der Hexagramme im Text des I Ging (die die tatsächlichen physischen Erscheinungen kennzeichnet).

Yang ist Bewegung und vereinigt mit Leichtigkeit, was getrennt war. Dies erreicht es mühelos, denn seine Führung und Leitung ist positiv, insbesondere wenn die Dinge noch in ihrem Anfang begriffen sind. Deswegen betont das I Ging, daß es außerordentlich wichtig ist, das Böse schon im Ansatz zu erkennen und auszutilgen, bevor es die Zeit hatte, zu groß zu werden, um noch in positive Bahnen geleitet zu werden. Die Richtunggebung des Yang ist im Anfangsstadium einer Handlung bestimmend, sie ist sozusagen ihr Keim. Die Yang-Kraft läßt mühelos alles aus sich selbst heraus und seiner eigenen Natur entsprechend entwickeln. Deswegen muß die innere Bewegung mit der Umwelt und den kosmischen Gesetzen harmonisch übereinstimmen.

Yin ist in Ruhestellung und einfach. Diese Einfachheit, die auf die reine und ungetrübte Empfänglichkeit des Yin zurückzuführen ist, wird zum Keim des Daseins. Nur aufgrund der Empfänglichkeit der Erde kann der Same aufgehen, nur durch die Empfängnisbereitschaft der Frau kann ein Kind empfangen werden, und nur der Geist kann Inspiration in sich aufnehmen.

In den Doppelzeichen befinden sich die ineinander entsprechenden Linien niemals in Übereinstimmung,* denn sie sind beide
Yin oder beide Yang,** z. B. in

```
━━━  ━━━              ━━━  ━━━
━━━  ━━━              ━━━━━━━
━━━━━━━      oder     ━━━━━━━
━━━  ━━━              ━━━  ━━━
```

Wenn das Unheil ,von außen' kommt, geschieht es, weil der
Himmel es so will. ,Unheil von innen' ist das Ergebnis unserer
eigenen Fehler. Manchmal geht dies aus den äußeren (oberen)
und inneren (unteren) Trigrammen klar und deutlich hervor. Ein
besonders gutes Beispiel ist der Text von Hexagramm 5, wo das
Trigramm der Gefahr ☵ das äußere (obere) Trigramm ist:

```
━━━  ━━━
━━━━━━━      außen (oben)
━━━  ━━━

━━━━━━━
━━━━━━━      innen (unten)
━━━━━━━
```

Diese Stellung der Trigramme zeigt uns, daß die Gefahr oder das
Unheil von außen kommt und durch die Einwirkung des Schicksals bedingt ist.

Man sagt, es gäbe 500 Wege, ein Orakel zu erhalten, doch lassen
sie sich alle in zehn Kategorien einreihen (die Zahl der Erde und
der Vollendung). Das Münzorakel ist für die meisten wohl ausreichend.

Es gibt das buddhistische und das taoistische I Ging, und wenn
man sich dem Buch der Wandlungen zum ersten Mal nähert, ist
es recht schwierig, sich durch die verschiedenen möglichen Zu-
gänge nicht verwirren zu lassen.

Das I Ging kennt drei Arten der Wandlung: 1. Nicht-Wandlung;
2. zyklische Wandlung; 3. lineare Wandlung. Diese drei Wand-
lungsarten werden folgendermaßen erklärt:

---

* Die Linien 1 und 4, 2 und 5 sowie 3 und 6 stehen zueinander in der besonders
  nahen Beziehung des Entsprechens. Eine Linie dieser Paare sollte Yang und die
  andere Yin sein. Siehe dazu R. Wilhelm, *I Ging*, S. 331 f.
** siehe ebd. S. 579 im Kommentar zum Bild des Zeichens ,das Stillhalten'.

1. Die Nicht-Wandlung ist die feste Größe, mit der die Wandlung in Beziehung gesetzt werden kann. Es ist die *Entscheidung* und steht zum Frühen Himmel in Bezug, in den die Menschheit bereits eingeschlossen ist. Man muß sich einen Bezugspunkt wählen, der mit den kosmischen Kräften übereinstimmt, andernfalls bricht das Leben in Fragmente, verliert sich im Chaos. Dies erklärt den Gebrauch des Wortes Entscheidung.

2. Das organische physische Leben und die materiellen Dinge, die einem Lebenskreislauf unterworfen sind – geboren werden, heranreifen und sterben – das ist die zyklische Wandlung.

3. Unter linearer Wandlung versteht man den ewig weiterlaufenden Prozeß, der niemals an seinen Ausgangspunkt zurückkehrt, d. h. die Aufeinanderfolge der Generationen.

Natürlich steht es in der Macht des Schicksals, in diesen Fluß der Wandlung einzugreifen und ihn zu berichtigen.

Ein alter, aber noch nicht in eine westliche Sprache übersetzter chinesischer Text lehrt eine Methode, die Wandlungslinien zu interpretieren, die von der gewöhnlichen Vorgehensweise stark abweicht.* Ich werde sie hier als Anregung vorstellen, doch bedenken Sie dabei bitte, daß Sie möglichst nicht das Einvernehmen stören sollten, das Sie durch Ihre bisherige Methode mit dem I Ging zu arbeiten mit Ihrem Unbewußten hergestellt haben.

Mein Haupteinwand gegen diese wenig bekannte Interpretationsweise bezieht sich auf den Fall, bei dem sich alle sechs Linien eines Hexagramms wandeln. In diesem Fall rät uns diese Methode, bei der Interpretation nur das zweite Hexagramm zu berücksichtigen, d. h., wir erhalten nur ein Hexagramm ohne alle Wandlungslinien. Ich frage mich jedoch, warum das Unbewußte dann überhaupt erst das erste Hexagramm zum Vorschein gebracht hat. Wenn wir ihm gar keine Beachtung schenken, ist es überflüssig. Doch mag es uns sehr wohl auf einen bedeutsamen Faktor aufmerksam machen, der zu den gegenwärtigen Umständen wesentlich beigetragen hat.

---

* Übersichtliche und einführende Erklärungen zur Interpretation der Orakel sind in Wings *Arbeitsbuch zum I Ging* enthalten. (Anm. d. Übers.)

Diese ungewöhnliche Methode rät uns, bei der Interpretation der Antworthexagramme folgendermaßen vorzugehen:

In einem Hexagramm mit einer Wandlungslinie: Bauen Sie Ihre Interpretation auf die Aussage dieser Linie auf.

In einem Hexagramm mit zwei Wandlungslinien: Ist eine davon eine Neun und die andere eine Sechs, ziehen Sie die Sechs zur Interpretation heran. Sind beide Linien Neun oder Sechs, arbeiten Sie mit der oberen Wandlungslinie.

In einem Hexagramm mit drei Wandlungslinien: Verwenden Sie den Text der mittleren Wandlungslinie.

In einem Hexagramm mit vier Wandlungslinien: Ziehen Sie den Text der oberen statischen Linie heran, d. h. in unserem Beispiel die Linie auf dem fünften Platz.

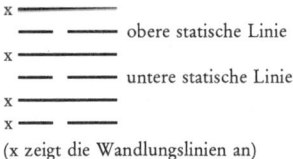

(x zeigt die Wandlungslinien an)

In einem Hexagramm mit fünf Wandlungslinien: Arbeiten Sie mit dem Wortlaut der statischen Linie (es gibt nur eine).

In einem Hexagramm mit sechs Wandlungslinien: Im Fall von Hexagramm 1: Konsultieren Sie den Kommentar zu ‚Alle Neunen wandeln sich‘; im Fall von Hexagramm 2: Konsultieren Sie den Kommentar zu ‚Wenn lauter Sechsen erscheinen‘. Im Fall aller anderen Hexagramme: Bilden Sie sich Ihr Urteil anhand der Texte und Kommentare des zweiten Hexagramms.

Jede Hexagrammlinie kann so verstanden werden, daß sie für zwei Monate steht. Ein Hexagramm repräsentiert damit ein ganzes Jahr, doch ist dies keinesfalls eine feststehende Regel. Eine Tabelle mit den Hexagrammen für die Jahre von 1900 bis 2020 finden Sie im Anhang (S. 174 f.).*

Die Erfahrung hat mich gelehrt, daß mehrere Fragen zum gleichen Gegenstand, wenn sie in abgewandelter Form gestellt werden, sich als äußerst nützlich erweisen können, die Situation zu

---

* entnommen aus Hook, *The I Ching and You,* S. 85 f. (Anm. d. Übers.)

klären. Sie könnten das I Ging z. B. fragen: »Soll ich meinen Arbeitsplatz wechseln?« Wenn die Antwort darauf Ihnen nicht klar genug erscheint, können Sie zwei weitere Fragen stellen: »Durch welches Bild wird sich meine Stellung charakterisieren lassen, falls ich meinen Arbeitsplatz wechsele?« und »Durch welches Bild wird sich meine Stellung charakterisieren lassen, falls ich meinen Arbeitsplatz nicht wechsele?« Vergleichen Sie die Antworten auf die letzten beiden Fragen miteinander und dann mit der Antwort zur ersten Frage.

Denken Sie immer daran, daß Sie das I Ging nur als einen Ratgeber und niemals zum Wahrsagen benutzen.

Der Wortlaut der Frage ist sehr wichtig. Wenn Sie zum Beispiel in bezug auf Ihre berufliche Laufbahn eine Frage haben, dann könnten Sie fragen: »*Soll* ich Kunst studieren/ein freier Künstler werden?« Das I Ging mag Ihnen diese Frage vielleicht zustimmend beantworten, weil es für Sie gut wäre, diese Herausforderung anzunehmen und die vielen dazwischenliegenden Hindernisse zu überwinden; trotzdem könnte der Weg dornenreich sein. Das Antwort-Hexagramm kann alle diese Faktoren enthüllen, es muß dazu nur angemessen analysiert werden. Wenn Sie Ihre Frage jedoch zu »*Kann* ich Kunst studieren?« abwandeln, dann wird das I Ging Ihnen anzeigen, ob Sie die Fähigkeit dazu besitzen oder nicht. Trotzdem mag es für Sie nicht der beste Weg sein.

Es ist deswegen für die Interpretation eines Hexagramms wichtig, den genauen Wortlaut der Frage zu berücksichtigen, andernfalls können die Antworten recht verworren und unscharf ausfallen. Wenn die Antworten auf die obigen Fragen beide positiv oder negativ ausfallen, dann haben Sie eine klarere Antwort und ein noch umfassenderes Bild von der Lage, als wenn Sie nur eine Frage gestellt hätten. Eine Frage ist selten ausreichend, es sei denn, es handelt sich um eine wirklich unkomplizierte und einfache Angelegenheit.

Trotzdem darf man niemals eine identische Frage stellen, denn dies würde auf einen Vertrauensmangel des Fragestellers schließen lassen, der die Funktion des Unbewußten blockiert. Auch ist es wichtig, nicht so lange zu einem bestimmten Problem Fragen zu stellen, bis das I Ging eine Antwort zu geben scheint, die mit den persönlichen Wünschen des Fragestellers übereinstimmt. Ziehen Sie bei Ihrer Interpretation eines Hexagramms auch die Positionen der jeweiligen Yin- und Yang-Linien in Betracht und vergessen Sie nicht die Kerntrigramme und Kernzeichen, die sich in Ihrem Hexagramm verbergen. Manchmal ist ein Problem dadurch zu erhellen, daß man nach den karmischen Verbindungen fragt, die damit möglicherweise in einem Zusammenhang stehen. Diese werden gewöhnlich sofort aufgedeckt, insbesondere durch das entsprechende Hexagramm des Frühen Himmels, denn der ausgleichende Charakter dieser Trigramme (in denen Yang Yin und umgekehrt Yin Yang entgegenwirkt) illustriert ja das eigentliche Wesen des Karma, das durch seine Wechselwirkung dem Gemeinen und dem Edlen das Unheil oder den Segen bringt, welche er anderen in Gedanken – oder deren Manifestationen, den Taten – tatsächlich zugefügt hat.

Die erste der beiden folgenden Darstellungen zeigt uns die Tierkreiszeichen in der für Astrologiekundige vertrauten Reihenfolge zusammen mit den Trigrammen des I Ging, die dem jewei-

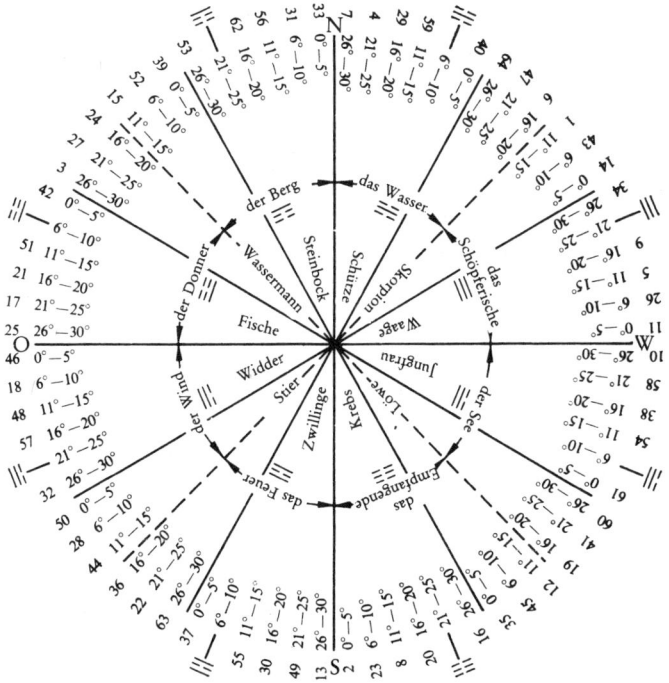

Die Trigramme des I Ging und die Tierkreiszeichen in einer den
Astrologen vertrauten Ordnung. Die Zahlen am Rand des Krei-
ses stehen für die entsprechenden I Ging-Zeichen.

ligen Zeichen entsprechen. Die zweite zeigt uns dann die Hexagramme in der Anordnung Schau Yungs mit ihren Entsprechungen aus dem Tierkreis. Sie können mit beiden arbeiten und werden, je nach dem, ob Sie mehr mit dem I Ging oder mehr mit der Astrologie vertraut sind, häufiger auf die eine als auf die andere zurückgreifen.

Jene von Ihnen, die mit den Eigenschaften der I Ging-Trigramme und den Charakteristika der Tierkreiszeichen einigermaßen vertraut sind, werden sich vielleicht über das augenscheinlich seltsame Verhältnis der Bedeutungen in vielen Paaren wundern. Die überraschendste Paarung davon ist wahrscheinlich die des dynamischen Widder mit dem sanften, nachgiebigen Wind, ist der Widder doch alles andere als sanft und nachgiebig! Ich werde mich bemühen, den Grund für diese augenscheinliche Diskrepanz im weiteren Verlauf dieses Kapitels zu erklären.

Um die allgemeine Verbindung, die zwischen diesen beiden wichtigen Zweigen des Okkultismus besteht, zu verstehen, sollten wir uns vor Augen halten, daß die Tierkreiszeichen mit den vier Elementen in Beziehung stehen, die Trigramme des I Ging hingegen jedoch weniger die Elemente versinnbildlichen, als vielmehr Wandlungszustände, von denen es fünf und nicht nur vier gibt. Diese Wandlungszustände beschreiben die vier Jahreszeiten (Frühjahr, Sommer, Herbst, Winter) und die Erde wie folgt:

Sommer

Frühjahr   Erde   Herbst

Winter

Auch der Tierkreis schreitet von einem Zeichen (Monat) zum nächsten, von einer Jahreszeit zur darauf folgenden, weiter. Dabei geht er von einem Element in das andere über, und durch die Wandlungen, die sich in diesem Geschehen vollziehen, tritt die Verbindung zwischen der Astrologie und dem I Ging sichtbar in Erscheinung. Wenn Sie sich also von der Vorstellung, daß die

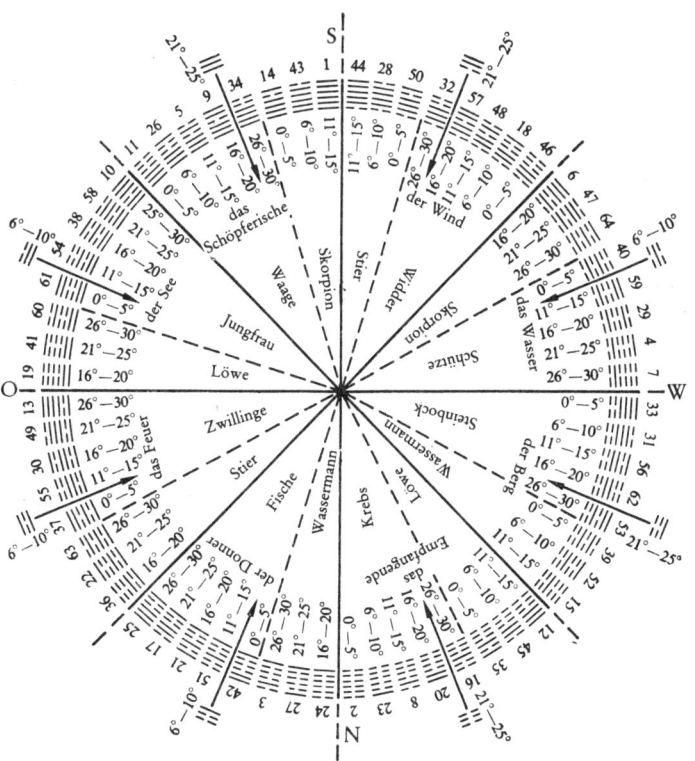

Schau Yungs Anordnung der Hexagramme des I Ging (in der Trigramm-Folge des Frühen Himmels) und ihre entsprechenden Tierkreiszeichen

Sonnenzeichen persönliche Merkmale und spezifische Geschehnisse anzeigen, ein wenig befreien können, und tiefer in diese große Wissenschaft eindringen, die sich nicht weniger als das I Ging mit dem Ausgleich zwischen den Gegensatzpaaren beschäftigt, dann werden Sie die zwischen ihnen bestehende Verbindung entdecken können.

Um nochmals auf das Beispiel von Widder und Wind zurückzukommen: Der Widder ist der Initiator, er bringt die Dinge ins Rollen, und ist deswegen das erste Zeichen im Tierkreis. Das Trigramm des Windes steht für die Zahl Fünf (die Wandlungszahl), die sich im Zentrum der Schildkröte befindet und im Frühen Himmel in die südwestliche Position überwechselt. Der Wind ist das erste Trigramm nach dem großen Yin-Yang-Wechsel der kosmischen Energie. Er ist eine bahnbrechende Kraft, und seine Wirkung kann deshalb so dynamisch und zeugend sein wie die des Widders.

Wand-lungs-zustand	Tri-gramm	halbes Tierkreis-zeichen	Element	volles Tierkreis-zeichen	Element
Metall	⚋⚋	Löwe (Fixzeichen)	Feuer	Jungfrau (labiles Zeichen)	Erde
	⚌	Skorpion (Fixzeichen)	Wasser	Waage (Kardinalzeichen)	Luft
Holz	⚌	Stier (Fixzeichen)	Erde	Widder (Kardinalzeichen)	Feuer
	⚏	Wassermann (Fixzeichen)	Luft	Fische (labiles Zeichen)	Wasser
Erde	⚍	Wassermann (Fixzeichen)	Luft	Steinbock (Kardinalzeichen)	Erde
	⚏	Löwe (Fixzeichen)	Feuer	Krebs (Kardinalzeichen)	Wasser
Feuer	⚌	Stier (Fixzeichen	Erde	Zwillinge (labiles Zeichen)	Luft
Wasser	⚎	Skorpion (Fixzeichen)	Wasser	Schütze (labiles Zeichen)	Feuer

Der Grund dafür, warum bestimmte Zeichen einem bestimmten Trigramm zugewiesen wurden, läßt sich durch die obige Nebeneinanderstellung am besten erklären. Sie können daraus folgendes ersehen:

1. Alles Fixzeichen sind infolge der I Ging-Wandlung in zwei Hälften geteilt, d. h. die Bewegung (Wandlung) findet im Augenblick der größten Trägheit statt (siehe Abb. S. 135 und 137).

2. Jeder Wandlungszustand des I Ging enthält die Elemente Erde, Luft, Feuer und Wasser aus dem Tierkreis (zwei halbe Tierkreiszeichen und zwei ganze Tierkreiszeichen).

3. Die ersten beiden Wandlungszustände, Metall und Holz, enthalten neben den schon erwähnten Fixzeichen sowohl labile Zeichen als auch Kardinalzeichen, wohingegen der Wandlungszustand Erde, der in zwei Hälften aufgeteilt werden kann, nur Kardinalzeichen enthält. Feuer und Wasser, die besondere Wandlungszustände (innere Wandlungszustände) sind, enthalten hingegen jeweils nur ein labiles Zeichen.

Indem wir die Wandlungszustände um den Tierkreis gruppieren, können wir sehen (Abbildung unten), wie das I Ging auf dem Tierkreis aufbaut. Das Trigramm des Wassers steht dem Trigramm des Feuers gegenüber und neben der geteilten Erde. Das Trigramm Holz befindet sich im Osten, das Trigramm Metall im Westen.

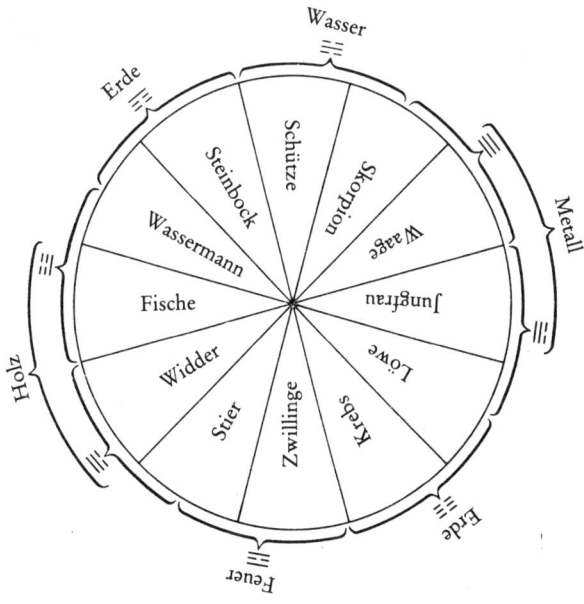

Die Wandlungszustände und der Tierkreis

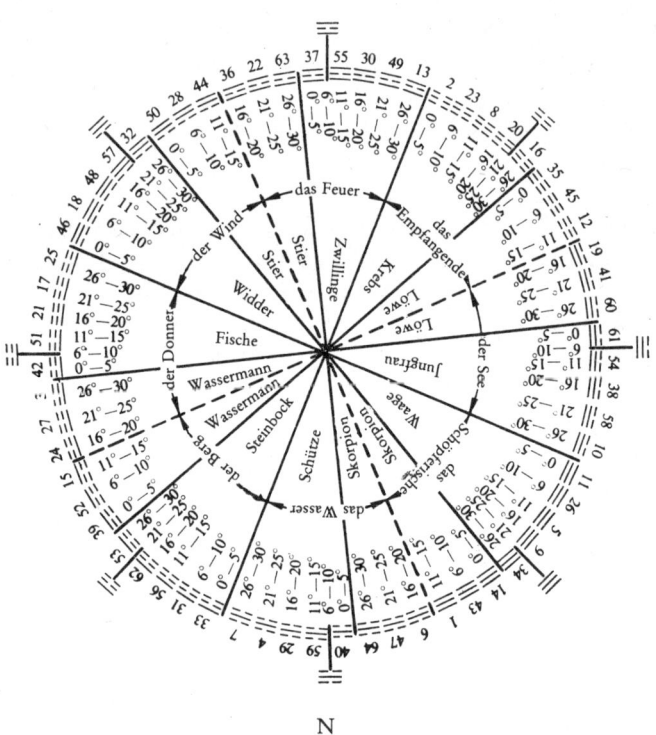

S

N

Die Tierkreiszeichen im Späten Himmel der Trigramme

Auf diesen Seiten sehen wir die Trigramme in ihrer Anordnung des Späten Himmels. Wenn die Tierkreiszeichen und ihre entsprechenden Wandlungszustände, wie wir sie auf der vorigen Seite kennengelernt haben, in diese neue Anordnung gebracht werden (rechts), scheinen sie mit den Wandlungszuständen der Karte vom Gelben Fluß übereinzustimmen (S. 46), die auf der Trigramm-Anordnung des Späten Himmels aufbaut. Ihre Verbindung zur Lo-Karte, dem Frühen Himmel, und der Schildkröte ist bereits ausführlich erörtert worden (siehe Kapitel 4).

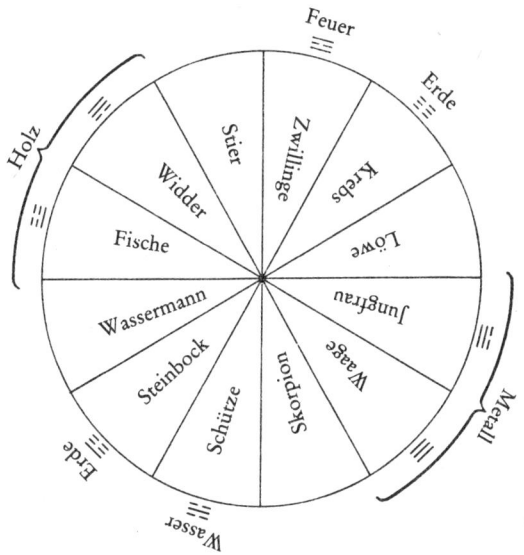

Die Wandlungszustände und der Tierkreis im Späten Himmel

Wenn wir die Abbildung oben nun mit der auf Seite 139 vergleichen, fällt uns auf, daß das Feuer sich hier über dem Wasser befindet, d. h. aus Hexagramm 63 $\equiv\equiv\equiv$ ist Hexagramm 64 $\equiv\equiv\equiv$ geworden. Auch hat sich die Stellung der Erde zu Feuer und Wasser umgekehrt. Mit anderen Worten, die beiden Abbildungen sind – was die inneren Wandlungszustände und den Wandlungszustand Erde anbelangt – spiegelbildliche Umkehrungen.

Die aufgeteilten Fixzeichen befinden sich sowohl im I Ging als auch im Tierkreis in gleicher Entfernung voneinander. In der Astrologie nennt man diese vier Zeichen die vier Pfeiler der Erde. Da sie ihrer Stellung nach ein X bilden, können wir sie uns mit Hilfe des I Ging als die schwarzen Punkte der Lo-Karte erklären. Die schwarzen Punkte deuten an, daß sie Yin und damit zur Erde gehörig sind:

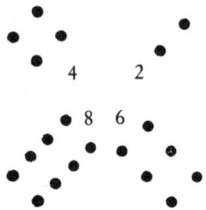

In der Abbildung von Seite 137, die sich mit dem Frühen Himmel beschäftigt, erscheinen alle vier Fixzeichen, die die einzigen Zeichen des Tierkreises sind, die hier in zwei Hälften aufgeteilt werden, unter den vier Trigrammen, die hauptsächlich mit der Wandlung zu tun haben (das fünfte Trigramm in dieser Gruppe wollen wir hier unberücksichtigt lassen).

Tierkreiszeichen	Element	Wandlungstrigramm
Stier (negativ)	Erde	der Wind (die Zahl Fünf im Zentrum der Schildkröte)
Löwe (positiv)	Feuer	das Empfangende (die negative kosmische Kraft)
Skorpion (negativ)	Wasser	das Schöpferische (die positive kosmische Kraft)
Wassermann (positiv)	Luft	das Erregende (das Trigramm der Bewegung)

Die Aufstellung zeigt den positiven und negativen Einfluß von Yin und Yang in folgender Aufteilung, in der sie als Gegensatzpaare wirksam werden: Stier (negativ) und Löwe (positiv), Skorpion (negativ) und Wassermann (positiv). Die oberen Trigramme, der Wind (die älteste Tochter) und das Empfangende (die Mutter), sind negativ, die anderen beiden, das Schöpferische (der Vater) und das Erregende (der älteste Sohn), sind positiv.*

---

* Diese vier Trigramme wandeln niemals ihr Geschlecht um (siehe S. 54).

Eine über Kreuz verlaufende wechselseitige Beeinflussung ist die Folge. Aus der vorangegangenen Aufstellung können wir auch ersehen, das jedes dieser vier Zeichen zu einem der vier Elemente gezählt wird.

Jedem Element werden drei Tierkreiszeichen zugerechnet, die ihrem Wesen nach fix, kardinal und labil sind:

Luft	*Feuer*	*Wasser*	*Erde*	
Wassermann	Löwe	Skorpion	Stier	*Fixzeichen*
Zwillinge	Schütze	Fische	Jungfrau	*labile Zeichen*
Waage	Widder	Krebs	Steinbock	*Kardinalzeichen*

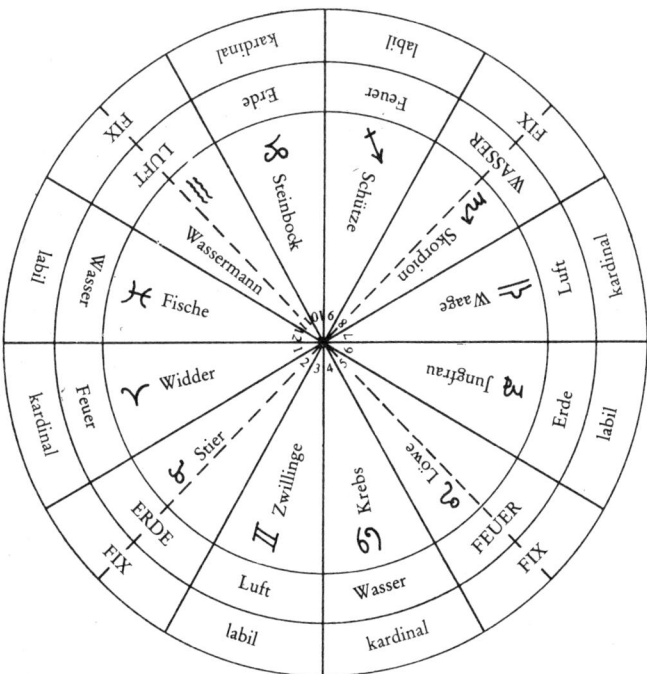

Die Tierkreiszeichen: Die Symbole, Häuser, Triplizitäten und Quadruplizitäten (vgl. auch mit der Abb. auf S. 139)

Die vier Fixzeichen sind die Ecksteine des Tierkreises; sie bewahren und erhalten, was begonnen wurde, achten darauf, daß getan wird, was getan werden muß, und verändern schließlich ihre ursprünglich festliegenden und unbeweglichen Eigenschaften des Wollens (Löwe), Wagens (Skorpion), Wissens (Wassermann) und Schweigens (Stier) dahingehend, daß sie sie tatsächlich zur Manifestierung bringen. Das eigentliche Fixzeichen setzt der Wandlung einen festen Widerstand entgegen, sind doch Stabilität und Beständigkeit seine Natur. Diese Beständigkeit wird jedoch, so lehren uns die Trigramme des I Ging, im Prozeß der Enantiodromie zum Moment der Bewegung.

In der Darstellung von Seite 137 (die zum Frühen Himmel gehört) und der von Seite 140 (die zum Späten Himmel gehört), nehmen die acht Trigramme in jedem Tierkreiszeichen 5° ein, z. B. Donner ist 6°–10° Fische zwischen Hexagramm 42 (0°–5°) und Hexagramm 51 (11°–15°). Jedoch tragen die vier Tierkreiszeichen Stier, Wassermann, Skorpion und Löwe, da sie Fixzeichen sind, keines dieser Trigramme. Daraus können wir die Bedeutung ersehen, die diesen vier Zeichen bezüglich der Wandlung und Nicht-Wandlung zukommt, und erkennen, daß sie aufgrund dessen mit den Anordnungen des Frühen und des Späten Himmels des I Ging in besonderer Verbindung stehen.

In einer Vision des Propheten Hesekiel*, die zuerst auf »viele Räder« anspielt – womit höchstwahrscheinlich der Tierkreis und die verschiedenen kreisförmigen Anordnungen des I Ging gemeint sind** – gibt uns die Bibel einen interessanten Hinweis auf diese vier Zeichen; es schließt sich eine Beschreibung der vier Tiere an: »Ihre Angesichter waren vorn gleich einem Menschen und zur rechten Seite gleich einem Löwen bei allen vieren und zur linken Seite gleich einem Stier bei allen vieren und hinten gleich einem Adler bei allen vieren.« Der ‚Mensch‘ ist der Wassermann, der Wasserträger, dem das Zeichen Löwe, ‚ein Löwe‘, gegenüberliegt. Der ‚Stier‘ ist natürlich das Tierkreiszeichen Stier. Der zuletzt erwähnte ‚Adler‘ ist, wie den Astrologen be-

---

* Hesekiel, 1, 10.
** Möglicherweise ein Hinweis auf die Zyklen der Inkarnation.

kannt sein wird, der Skorpion, denn dies ist das Zeichen des Sün-
ders oder des Heiligen, der entweder auf der Erde kriecht wie ein
Skorpion oder sich in den Himmel erhebt wie ein Adler.
Die Merkmale dieser vier Tierkreiszeichen sind ebenfalls in der
ägyptischen Sphinx enthalten. Die Sphinx hat einen Menschen-
kopf, einen Löwenkörper, Adlerschwingen und den Schwanz
eines Stiers.

In seinem Buch *Jupiter: The Preserver* sagt Alan Leo, daß die
Erde sieben Kreisläufe durchläuft, in denen es sieben Wurzel-
Rassen und sieben Neben-Rassen gibt, eine Theorie, die den
Theosophen wohl vertraut sein dürfte.

Astrologisch basiert die Zahl Sieben auf der Triplizität (zu jedem
Element von Erde, Luft, Feuer und Wasser gehören jeweils drei
Zeichen) und der Quadruplizität (es gibt jeweils vier Kardinalzeichen, vier labile Zeichen und vier Fixzeichen); damit erhalten
wir insgesamt also sieben Aufteilungen. Alle diese Aufteilungen
brauchen uns hier jedoch nicht näher zu interessieren. Wir müssen nur wissen, daß die Menschheit im gegenwärtigen Augenblick den vierten Kreislauf durchläuft, der dem harten Werk des
Kampfes gewidmet ist und vielfältige Verbindungen zwischen
Geist und Materie hervorbringt. Er wird von dem kosmischen
Kreuz der Fixzeichen symbolisiert, dessen Einfluß noch über
viele Millionen von Jahren wirksam sein wird. Die volle Serie aller sieben Kreuze, die den gesamten Prozeß der Involution und
Evolution symbolisieren, ist im folgenden dargestellt:

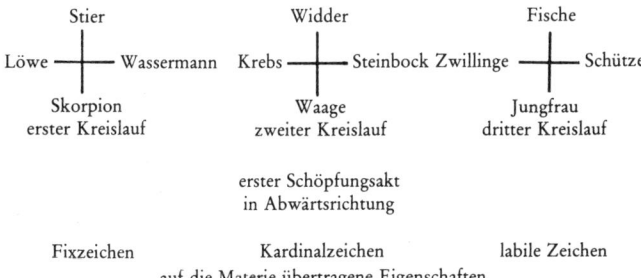

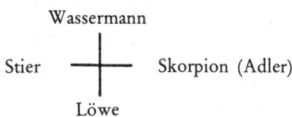

Wassermann

Stier ── Skorpion (Adler)

Löwe

vierter Kreislauf
Kampf zwischen Geist und Materie.
Die gegenwärtige Position der Menschheit
Fixzeichen

Steinbock	Schütze	Skorpion
Widder──Waage	Fische ── Jungfrau	Wassermann ── Löwe
Krebs	Zwillinge	Stier
fünfter Kreislauf	sechster Kreislauf	siebenter Kreislauf
Kardinalzeichen	labile Zeichen	Fixzeichen

Evolution (aus: Alan Leo, Jupiter: The Preserver)

Die obige Abbildung macht deutlich, daß nicht nur unser gegenwärtiger Kreislauf, sondern auch der erste und der letzte Akt der Schöpfung unseres gegenwärtigen Weltzeitalters mit dem Kreuz der Fixzeichen in Zusammenhang stehen. Das I Ging ist uns deswegen augenscheinlich als Leitfaden für diesen besonderen Abschnitt gegeben, der – wie schon erwähnt – viele Millionen Jahre dauert.

Die Sonne bewegt sich über zwölf Monate durch alle Tierkreiszeichen, und in der gleichen Zeit vervollständigt die Welt ein I Ging-Hexagramm (siehe Anhang). Es dauert 26000 Jahre, bis sie einen vollen Tierkreis-Zyklus durchlaufen hat, aber nur sechzig Jahre, alle Hexagramme des I Ging zu vervollständigen. Da die Hexagramme an den Kardinalpunkten, die Hexagramme 1, 2, 29 und 30, ausgelassen werden – als die Trigramme des Feuers und des Wassers beschäftigen sie sich mit den inneren Wandlungszuständen und nicht so sehr mit der Zeit – erhalten wir nur sechzig und nicht vierundsechzig Kalender-Hexagramme. Feuer und Wasser beziehen sich auf die innere Entwicklung des Menschen; das Schöpferische (Hexagramm 1) und das Empfangende (Hexagramm 2) sind ihre Entsprechungen im Frühen Himmel.

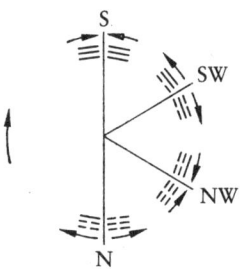

*Umkehrung der normalen Progression der Zeichen und Grade
des Tierkreises in Schau Yungs Hexagramm-Folge*

Die obige Abbildung zeigt, daß bei gradmäßiger Verteilung der
Zeichen, wenn die Hexagramme des I Ging in Schau Yungs Reihenfolge (Früher Himmel) angeordnet und die vier Fixzeichen
des Tierkreises damit in je zwei separate Teile aufgespalten werden, die Gerade der Zeichen nicht länger in einer geordneten
Reihenfolge erscheinen, d. h. nicht mehr wie in den Darstellungen auf den S. 135 u. 140 von 0°–5°, von 6°–10° usw. um den Kreis
verteilt sind, sondern daß sich ihre Reihenfolge sowohl am Süd-
und Nordpol (am Yin- und Yang-Punkt) als auch im Südwesten
und im Nordwesten umkehrt. Dies sind genau die Positionen, an
denen das Schöpferische und das Empfangende in König Wens
Trigramm-Anordnung des Späten Himmels erschienen. Damit
wird der Tierkreis zur Brücke zwischen Schau Yungs kreisförmiger und König Wens numerischer Anordnung, zu einer
Brücke zwischen dem Frühen und dem Späten Himmel.
Es ist unmöglich, ein wirklich tiefes und ernsthaftes Studium des
I Ging zu unternehmen, ohne nicht zumindest Grundkenntnisse
in der Astrologie zu besitzen, denn diese beiden Systeme sind eng
miteinander verwoben.
Die Monate des Jahres, wie sie im Text des I Ging oder von den
Hexagrammen angegeben werden, die auf ihnen basieren (wie
z. B. die Kalender-Hexagramme), können dahingehend verstanden werden, daß sie für Orakelaussagen die richtige Zeit an-

zeigen, denn sie stimmen mit den Tierkreiszeichen bis zu einem gewissen Grad überein. Für die südliche Hemisphäre gilt dabei natürlich, daß zwar die Jahreszeiten – Sommer auf der nördlichen Erdhalbkugel bedeutet Winter auf der südlichen –, nicht jedoch die Monate umzukehren sind; Juni bleibt Juni. Die Hexagramm-Texte werden natürlich niemals umgekehrt.

12 HEILEN UND GESUNDHEIT

Nach dem I Ging ist der Zustand jeder sich manifestierenden Erscheinung (Später Himmel) das unmittelbare Ergebnis des Denkens oder des Geistigen (Früher Himmel). Wenn diese Aussage zutrifft, ist der Zustand unseres physischen Körpers und seiner Widerstandskraft gegen Krankheit notwendigerweise ebenfalls ein Ergebnis unserer Gedanken. Das Denken ist für die Gesundheit von fundamentaler Wichtigkeit. Damit soll nicht gesagt sein, daß Krankheit nur in unseren Köpfen ist, sondern vielmehr, daß der Geist offensichtlich das Grundmuster des physischen Wohlbefindens beeinflußt. So ist es zum Beispiel eine allgemein anerkannte Tatsache, daß sich Emotionen wie Angst und Aufregung körperlich manifestieren.

Wie mit allem anderen im Universum muß auch in bezug auf die einander entgegengesetzten Extreme, die im Körper und unmittelbar um ihn herum anzutreffen sind, ein Zustand des Gleichgewichts hergestellt werden. So können unter normalen Bedingungen z. B. schon Hitze oder Kälte zu Unbehagen und Beschwerden führen, ein chemisches Ungleichgewicht im Haushalt der Zellen kann gefährliche Konsequenzen haben usw.

Der Mensch wird, solange er sein archetypisches Grundmuster nicht selbst verändert, für Viren, Bakterien etc. anfällig bleiben. Er wird deswegen weiterhin Pillen schlucken müssen und ein Gutteil seiner Zeit in den Wartezimmern der Ärzte abzusitzen haben. Auch seine Kinder und Kindeskinder werden noch auf diese Weise fortleben, bis schließlich die ererbten Tendenzen von jahrtausendealtem falschem und unausgewogenen Denken vollkommen ausgerottet sein werden und durch harmonisches und richtiges Denken ein neuer Archetyp entsteht, der gegen solche Krankheiten immun ist.

Oft erfreuen sich Menschen, die äußerst negativ sind, einer robusten Gesundheit, wohingegen jene, die ihrem Denken nach positiv und wohlwollend eingestellt sind, krank sind. Dies liegt daran, daß sie einen schwächlichen oder kranken Körper ererbt haben und ihre Gedanken dieses Manko noch nicht wettmachen konnten. Die zukünftigen Generationen werden jedoch unzweifelhaft von dem harmonischen Denken dieser Menschen profitieren. Die Tatsache, daß man einen widerstandskräftigen, gesunden Körper ererbt hat, mag das Ergebnis karmischer Voraussetzungen sein.

Gesundheitliche Probleme lassen sich durch das I Ging nur sehr schwer lösen. Trotzdem können wir das I Ging natürlich danach fragen, welche Faktoren ein ganz bestimmtes Ungleichgewicht verursacht haben und welche Therapie wir anwenden sollten (selbstverständlich mit zwei getrennten Fragen). Die Antwort wird jedoch wahrscheinlich große Schwierigkeiten bei der Deutung verursachen. Aus diesem Grund empfehlen einige westliche Kenner des I Ging, Krankheiten mit astrologischen Methoden zu diagnostizieren. Zwar gibt es mehr als 10000 schriftlich niedergelegte Kommentare zum I Ging und seiner Anwendung beim Heilen, doch ist bisher nur verschwindend wenig Material davon in westliche Sprachen übersetzt worden. Wie dem auch sei, diese Methoden sind nur sehr schwer zu verstehen, und die Anweisungen müssen von einem erfahrenen Meister weitergegeben werden, der sowohl über ein tiefes Wissen als auch über sehr viel Praxis verfügt.

Die Kunst der Akupunktur, die auf den Prinzipien von Yin und Yang aufbaut, ist eine dem I Ging verwandte Heilmethode. In seinem Buch *Was ist Akupunktur* sagt E. W. Stiefvater, daß die Harmonie zwischen der Tätigkeit der hohlen und festen Organe (Yin und Yang) für ein Gleichgewicht im Energiehaushalt des Körpers sorgt und daß jedes Organ eine eigene ‚innere Intelligenz‘ besitzt.

Die Abbildung rechts, die E. W. Stiefvaters Buch entnommen wurde, zeigt die chinesische Organuhr, die sich über die 24 Stunden des Tages erstreckt. Wir wollen an dieser Stelle davon nur einige Beispiele anführen:

Von 5 bis 7 Uhr ist die Zeit, in der der Dickdarm besonders aktiv

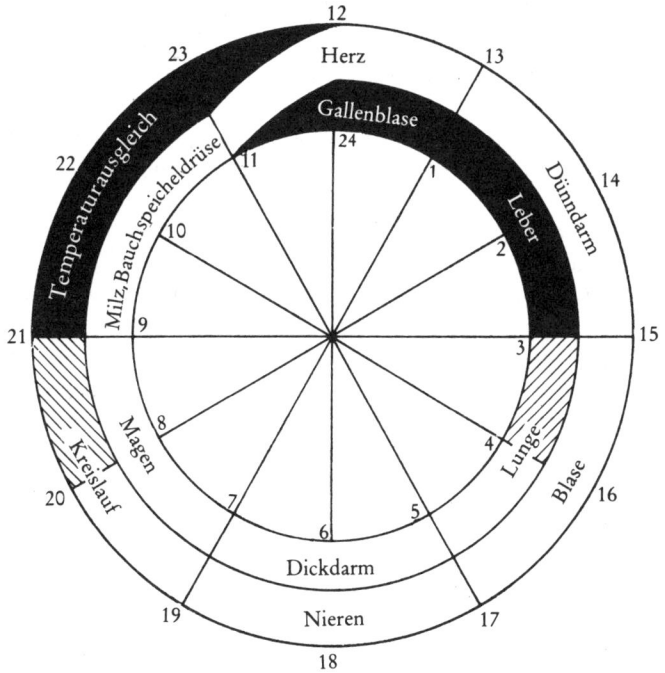

Die chinesische Organuhr

ist. Zwischen 13 bis 15 Uhr setzt nach dem Mittagsmahl eine gewisse Müdigkeit ein.

Gegen 3 Uhr morgens treten sehr viele Todesfälle ein, da der Blutdruck zu dieser Zeit sehr niedrig und die Herztätigkeit reduziert ist.

Wer regelmäßig zwischen 1 und 3 Uhr nachts aufwacht, kann dies als einen Hinweis verstehen, daß die Funktion seiner Leber möglicherweise gestört ist. Unregelmäßige Zeiten beim Stuhlgang lassen auf Darmprobleme schließen. Von der Leber wird angenommen, daß sie der Sitz des Unbewußten ist. Kummer, Sorgen, Traurigkeit, Wut, nervöse Unsicherheit und Angst können dieses Organ in Mitleidenschaft ziehen, was dann natürlich wieder auf die Stimmungen rückwirkt – ein Teufelskreis.

Sie sollten Ihre eigene eingebaute Uhr kennenlernen und auf ihre Warnungen achten.

Wie schon erwähnt, ist die linke Körperhälfte Yang und die rechte Yin. Deswegen ist für den männlichen Körper die linke und für den weiblichen Körper die rechte Körperseite besonders wichtig. Die Behandlung, z. B. Injektionen, sollte auf dieser Seite erfolgen. Im folgenden möchte ich noch kurz die Yin- und Yang-Teile des Körpers auflisten:

Yin: die dichten Organe, fest, langsam arbeitend und ,dunkel'. Leber, Nieren, Herz, Milz, Bauchspeicheldrüse, Lungen.

Yang: die hohlen, sich bewegenden Organe (peristaltisch), aktiv und ausscheidend. Magen, Dünndarm, Dickdarm, Gallenblase.

(Anmerkung: Das Herz und die Blutgefäße werden nicht als hohl angesehen, weil sie mit dem Blut verbunden und deswegen wie das Blut selbst Yin sind. Blut ist eine Masse, die sich nicht von selbst bewegt, und daher Yin.)

13 EIN VERGLEICH ZWISCHEN DEM I GING, DEN ZEHN GEBOTEN, DER ZAHLENKUNDE UND DEN GROSSEN ARKANA DES TAROT

Um die esoterische Anwendbarkeit des Schildkröten-Diagramms des I Ging (siehe Seite 26), die das Reich des Geistigen, das Reich des Denkens – den Frühen Himmel also – zum Gegenstand hat, voll würdigen zu können, muß man mit der okkulten Bedeutung der Zahlen vertraut sein. Aus diesem Grund habe ich Kapitel 13, das sich mit verschiedenen Zweigen des Okkultismus und deren verwandter Zahlensymbolik befaßt, in meine Ausführungen aufgenommen. Schon in Kapitel 2, wo ich meinen Besuch bei einem afrikanischen Medizinmann beschrieb, habe ich dieses Thema kurz angeschnitten und darauf aufmerksam gemacht, wie die verschiedenen Nationalitäten oder religiösen Gruppen trotz unglaublich weiter geographischer Entfernungen und völlig unterschiedlicher Kulturen ohne es zu wissen durch die verschiedenen Philosophien und Mysterien miteinander verbunden sind.

Obwohl es außerordentlich aufschlußreich sein mag, zahlreiche Methoden des Wahrsagens und ihre Zahlensymbolik zu studieren, dürfen wir darüber doch nicht die Tatsache aus den Augen verlieren, daß wir, falls wir mehr als nur eine Methode zu einer Zeit anwenden, unzweifelhaft unsere Verbindung zum Unbewußten und die Entwicklung unserer Intuition durcheinanderbringen. Sie sollten also besser herausfinden, welche Methode Ihnen am meisten zusagt und welche Ihnen die größten Erfolge schenkt, und dann ausschließlich mit dieser Methode arbeiten, um, wie schon in der Einführung hervorgehoben, Ihr Unbewußtes durch einen Ihrem Bewußtsein vertrauten Kode von Symbolen zu erschließen.

In der nun folgenden Aufstellung sind die verschiedenen Zweige der Geheimwissenschaften unter ihren spezifischen Zahlen und den entsprechenden zusammengesetzten Zahlen aufgeführt. So besteht die Zahl Zehn z. B. aus einer Eins und einer Null. Die Summe davon ist eins, und deswegen erscheint die Zehn unter der Eins. Beachten Sie, daß jede Zahl einen positiven und einen negativen Aspekt besitzt.

EINS

I Ging: das Schöpferische ▬▬▬, die ungebrochene Yang-Linie, die Einmaligkeit, Vereinigung und Erfolg symbolisiert. Als Vater-Aspekt der Dreiheit des göttlichen Wesens symbolisiert die Eins Macht, Männlichkeit, Rechtschaffenheit, Erfolg und den Himmel.

Schildkröte: der Schwanz, der den Körper im Gleichgewicht hält und wie ein Ruder die Richtung bestimmt. Er repräsentiert den Lebensweg und die Entschlossenheit, das einmal gesetzte Ziel zu verfolgen.

Kabbala: Kether, die Krone.

Erstes Gebot: »Ich bin der Herr Dein Gott, Du sollst keine anderen Götter neben mir haben.« Dies bezieht sich nicht nur auf das Herstellen von Bildern, sondern will auch besagen, daß der Mensch weder Geld noch Sex, weder irgendeine andere Person noch irgendein Wunschobjekt vergötzen soll. Die Zahl Eins steht für die Allmacht Gottes.

Tarot: »Der Magier«, ein Symbol der Macht und der Willenskraft; männlich.

Zahlenkunde: Originalität, Individualisierung, eine Person, die für sich selbst einsteht.

Glyphe: 1 (eine Person, allein).

Die *zusammengesetzte Zahl Zehn* ist ebenfalls hier aufgeführt, weil sie aus den oben erwähnten Gründen in den Geheimwissenschaften als eine Erweiterung der Eins angesehen wird. Es gibt zehn Cakras (sprich: Tschakra) oder feinstoffliche Energiezentren, obwohl für die Menschheit im Moment nur sieben davon eine Bedeutung besitzen. Man nimmt auch an, daß es zehn Planeten gibt, obwohl man bisher nur neun entdeckt hat. Der Name für den zehnten Planeten steht schon fest: Vulkan.

Kabbala: Malchut, das Königreich, eine Reflektierung der Eins.

Zehntes Gebot: »Laß dich nicht gelüsten deines Nächsten Hauses ...« Wenn der Mensch die Vollendung erreicht hat, gehört ihm alles. Also gibt es nichts mehr, das er begehren müßte. Solange Wünsche und Begierden da sind, kann es keine Vollkommenheit geben.

Tarot: »Rad des Schicksals«. Dies ist der Kreislauf des Lebens, der in seiner Rotation zuerst aufsteigt und dann fällt. Er steht für das Schicksal, den Zyklus der Notwendigkeiten und das sich reinkarnierende Ich.

Zahlenkunde: Vollendung und Vollkommenheit.

Glyphe: 1 und 0. Da die Zehn eine zusammengesetzte Zahl von Eins ist – obwohl zu einem höheren Zyklus als die Eins gehörig –, enthält sie einen Kreis, der eine undurchbrochene Linie ist. Diese Linie endet, wo sie begann und symbolisiert die abgeschlossene Handlung, ebenso die Gegenwart des Geistes, der weder Anfang noch Ende hat.

Neunzehn ist ebenfalls eine Erweiterung von Eins und deswegen auch von Zehn. (1 + 9 = 10; 1 + 0 = 1).

Tarot: »Die Sonne«; die schöpferische Kraft im Sonnensystem.

Zahlenkunde: Erfolg, Ehren und Glück.

Glyphe: 1 und 9. Der Kreis hat einen Schwanz, ein Zeichen dafür, daß er seine frühere Position aufgegeben hat und höhergestiegen ist.

Zu den zusätzlichen Erweiterungen der Zahl Zehn gehören natürlich Achtundzwanzig, Siebenunddreißig, usw. Da das Schildkröten-Diagramm jedoch nur die Trumpfzahlen der Großen Arkana enthält und wir uns hier nicht ausführlich mit Zahlenkunde beschäftigen wollen, haben wir die höheren Zahlen unbeachtet gelassen.

ZWEI

I Ging und Schildkröte: der See ☱, das Symbol für den Mund. Der Mund steht für die Weitergabe von Wissen und Erkenntnis und die Erhaltung der menschlichen Intelligenz. Die negative Seite davon ist Klatschsucht. Auch kann das Trigramm der Freude als Sinnbild der Lüsternheit fungieren.

In der Schildkröte repräsentiert die Zwei die rechte Vorderpfote, den Ehrenplatz des Gastes und eine bedeutende Position. Von den beiden Händen ist normalerweise die rechte die stärkere.
Kabbala: Chochma, Weisheit.

Zweites Gebot: »Du sollst Dir kein Bildnis noch irgendein Gleichnis machen, weder des, das oben im Himmel, noch des, das unten auf Erden ist ...«

Wie das erste, so spielt auch das zweite Gebot nicht nur auf Götzenbildnisse an, sondern will vielmehr hervorheben, daß wir materielle Dinge niemals als einen Gott-Ersatz hinnehmen dürfen. Der Mensch sucht fortwährend bei anderen Menschen und in materiellem Besitz nach seinem Glück. Da diese jedoch von der Erde sind, existieren sie nur vorübergehend, verschleißen sich, gehen verloren oder sterben (natürlich bezieht sich dieser Prozeß nur auf den physischen Körper einer Person).

Die Zwei steht für den weiblichen Aspekt des Göttlichen, den Heiligen Geist, der Weisheit schenkt, und in Form des Gewissens, das das spirituelle Wissen auf der Erde weiterverbreitet, erscheint.

Tarot: »Die Hohepriesterin«. Mütterliche und jungfräuliche Einflüsse wie z. B. die von Maria, Kuan Yin oder Isis. Die Hohepriesterin steht für eine Frau, Mysterium, Geheimnisse, Weisheit, Inspiration und Wissenschaft.

Zahlenkunde: Beisammensein, Verknüpfung (eins und eins ist zwei), Dualität, Anpassung, das passive Prinzip der Opposition.

Glyphe: 2 . Ein Halbkreis und deswegen nur zum Teil vollendet, aber mit der horizontalen Eins verknüpft, mit der die Zwei in Verbindung gebracht wird.

Elf ist die erste zusammengesetzte Zahl von Zwei.

Tarot: »Kraft«, d. h. geistige Stärke. Ein Symbol für okkulte Macht, die mehr ist als bloße physische Kraft. Diese Macht steht für die Vereinigung mit dem Göttlichen. Sie beschreibt eine Person, die mit großen Schwierigkeiten zu kämpfen hat, aber schließlich allgemeine Hochachtung gewinnt. Wie wir oben schon erwähnten, verweist die Zahl Zwei auf die rechte, starke Hand.

Zahlenkunde: Elf ist eine der sogenannten ‚Meister'-Zahlen, die okkulte Kräfte symbolisieren, auch Idealismus von einer unpraktischen und visionären Art.

Zwanzig ist die zweite zusammengesetzte Zahl von Zwei. Da im Schildkröten-Diagramm nur zwei Zahlen mit jeder Seite in Verbindung gebracht werden, fehlt die Zwanzig dort. Sie stellt jedoch einen der Trümpfe des Tarot dar, und deswegen haben wir sie hier eingeschlossen.

Tarot: »Gericht«. Das Gericht steht für das ewige Leben und die Erfüllung, die sich aus der Tatsache ergibt, daß man auf die Stimme des Gewissens (die Zwei) und das zweite Gebot gehört hat.

Zahlenkunde: Ein Aufruf, auf ein klares Ziel hinzuarbeiten, und das Erwachen neuer Ideen.

DREI

I Ging und Schildkröte: Feuer ☲, das Haftende. Das Verbinden von Yin und Yang, das Physische, eingeschlossen vom Spirituellen, das Bewußtsein. Das Feuer des reinigenden Opfers, der Erleuchtung und der Schönheit. Die Intuition.

Kabbala: Bina, Verstehen, Schönheit.

Drittes Gebot: »Du sollst den Namen des Herrn, deines Gottes, nicht mißbrauchen, denn der Herr wird den nicht ungestraft lassen, der seinen Namen mißbraucht.«

Dies bedeutet, daß man die Macht Gottes auf Erden niemals zu selbstsüchtigen Zwecken anrufen darf. Es ist eine Warnung gegen schwarze Magie, die schwarze Messe, eine hoffährtige Art zu beten, die Unterdrückung anderer sowie gegen jede selbstsüchtige und böse Absicht. Die Drei steht für den Vater/Mutter-Aspekt Gottes auf Erden, d. h. Gott als der Sohn, als allmächtige, allgegenwärtige und allwissende Liebe. Sie ist ein Symbol für die freiwillige Selbstbegrenzung Gottes in der Materie, die eigentliche okkulte und innere Bedeutung des christlichen Abendmahls, in dem auf Christus oft als das Licht der Welt und damit als die Sonne (Trigramm des Feuers), in der die Primitiven eine Manifestation Gottes sehen, verwiesen wird.

Tarot: »Die Herrscherin«, die Fruchtbarkeit und die Pforte von Geburt und Tod symbolisiert, deswegen auch die große Bedeutung, die der Geburt und dem Tod Christi beigemessen werden.

Zahlenkunde: Selbstausdruck; der Künstler, der Freude schenkt und Schönheit hervorbringt.

Glyphe: **3**. Zwei übereinander liegende Halbkreise, die den Kreis des Himmels symbolisieren, der mit dem darunter liegenden Kreis der Erde in Berührung kommt.

Zwölf ist die erste zusammengesetzte Zahl von Drei.

Tarot: »Der Gehängte«. Ein Opfer, das tiefe Verzückung und Ekstase, aber nicht Leiden bedeutet.

Zahlenkunde: Opferung, der Leidtragende (möglicherweise von Anschlägen, die andere gegen ihn planen und ausführen). Sorgen, Selbstaufopferung, die, wenn wir sie mit Gott als dem Sohn in Verbindung bringen, die Opfersymbolik des christlichen Abendmahls erklärt.

Einundzwanzig ist die zweite zusammengesetzte Zahl von Drei. Auch sie ist im Schildkröten-Diagramm nicht eingeschlossen, jedoch zählt sie zu den Tarot-Trümpfen, und deswegen haben wir sie hier aufgeführt.

Tarot: »Die Welt«. Sie steht für das Entzücken der Welt in Gott, für die Krönung durch den letztlichen Erfolg und die Ehren, die nur nach einem langen Kampf und einer tiefen Prüfung der eigenen Entschlossenheit erreicht werden können.

Zahlenkunde: Eine glückverheißende Zahl, die Erfolge und Ehrungen verspricht.

VIER

I Ging und Schildkröte: das Erregende, der Donner ☳. Belebende Energie, die Geburt von Lebewesen auf der Erde, der Beginn eines Projekts usw.

Kabbala: Chessed oder Gedulla, Gnade.

Viertes Gebot: »Sechs Tage sollst du arbeiten und alle deine Dinge beschicken, aber am siebenten Tage ist der Sabbath des Herrn, deines Gottes ...« Die Dreiheit des göttlichen Wesens, mit der wir bei den ersten drei Zahlen bekannt gemacht wurden, steigt nun in die Materie hinab, und deswegen steht die Vier für die Ebene der physischen Existenz. Das Gebot legt fest, wieviel der Mensch arbeiten, und wieviel er ruhen soll. Die erholende Kraft der regelmäßig wiederkehrenden Sabbath-Ruhe erfrischt und belebt. Sie schenkt Kraft für die sich anschließende Arbeitswoche. Das Gebot erwähnt dann auch noch die Sabbath-Ruhe von ‚Söhnen und Töchtern‘, die den negativen und den positiven Aspekt (Yin und Yang) des Denkens repräsentieren, die Sabbath-Ruhe von ‚Knecht und Magd‘, die auf den positiven und den negativen Aspekt der Arbeit verweisen, und auf die Sabbath-Ruhe ‚all deines Viehs‘, welches das niedere, tierhafte Selbst versinnbildlicht, das ebenfalls alle Tätigkeit einstellen muß, da ‚der Tag zu heiligen ist‘.

Tarot: »Der Herrscher«, der für den positiven Aspekt der Herrscherin steht, mit derselben Fruchtbarkeitssymbolik.

Zahlenkunde: Das Dreieck der Drei ist nun zu einem Quadrat geworden; entweder weil eine vierte Seite dazu gekommen ist oder weil der Himmel, da er sich auf der Erde manifestiert hat, sich selbst spiegelt, so daß das gespiegelte Bild der Kabbala in Erscheinung tritt:

Vier ist auch die Zahl der Materie, d. h. der vier Elemente*.

Glyphe: **4**, welche ein halbes (nicht geschlossenes) Quadrat zusammen mit dem Kreuz der Materie ist, oder die Gestalt eines Menschen, der in der Materie gefangen ist, aber nach oben in Richtung Himmel greift.

Dreizehn ist die erste zusammengesetzte Zahl von Vier.

Tarot: »Der Tod«, der für die Erneuerung steht. Der Tod des Alten und die Geburt des Neuen.

Zahlenkunde: Die Zahl der Umwälzungen und Zerstörung, die das Verfallene beseitigt und dem Neuen den Weg frei macht. Sie

---

* Diese vier Elemente – Erde, Luft, Feuer und Wasser – sollten mit den fünf Wandlungszuständen des I Ging nicht verwechselt werden, die manchmal fälschlicherweise als ‚Elemente‘ bezeichnet werden.

kann Ortswechsel, veränderte Pläne usw. anzeigen. Sie ist nicht – wie allgemein angenommen – eine Unglückszahl, denn zwischen ihr und dem Tod besteht nur in dem Sinn ein Zusammenhang, daß sie für das Absterben der nicht länger erwünschten Vergangenheit steht.

Zweiundzwanzig ist im Schildkröten-Diagramm nicht enthalten, wird hier jedoch aufgeführt, weil sie mit dem Tarot-Trumpf Null in Verbindung steht.

Tarot: Zwischen Zweiundzwanzig und Null besteht ein enger Zusammenhang, denn beiden Zahlen wohnt eine ähnliche mächtige Kraft inne. Zweiundzwanzig ist – nach der Zahlenkunde – eine ‚Meister'-Zahl. Null und Zweiundzwanzig repräsentieren beide eine potente Macht, die verursacht, daß sich die Dinge bewegen. Man assoziiert sie deswegen beide mit dem Aufsteigen der Kundalini-Kraft.

In weltlichem Sinne steht die Null für den Narren, der ein guter und wertvoller Mensch, jedoch durch die Dummheit anderer geblendet ist, so daß er in seinem Narrenparadies gefangen bleibt. Sie ist deswegen eine Warnung vor Täuschung und Illusion.

Zahlenkunde: Zweiundzwanzig ähnelt der Elf, enthält jedoch, da die Elf hier verdoppelt wurde, auch doppelt so viel Macht, eine ‚Oktave' höher als die Elf. Damit steht sie für einen tiefer gehenden Idealismus, der zudem eine größere praktische Veranlagung mit sich bringt.

FÜNF (Wandlungzahl)

I Ging: der Wind $\equiv\equiv$, der wechselhaft und doch gleichzeitig bestimmt ist. Das Trigramm steht für die Luft und den physischen Atem, den neues Leben schenkenden geistigen Atem, die Erneuerung des Lebens und damit für die Verbindung zwischen Körper und Geist, Erde und Himmel, Yin und Yang.

Schildkröte: die zentrale Position, d. h. der Platz, an dem sich Yin und Yang treffen, und wo die kosmischen Kräfte interagieren.

Kabbala: Gebura oder Din, Strenge.

Fünftes Gebot: »Du sollst deinen Vater und deine Mutter ehren ...« Dies verweist auf die Kräfte von Yin und Yang. Indem wir Yin und Yang würdigen, erkennen wir die Tatsache an, daß der Mensch nicht bloß ein Tier ist, sondern das Kind des Göttlichen in seinem Vater/Mutter-Aspekt, dem er gehorchen und mit dem er zusammenarbeiten muß.

Tarot: »Der Hierophant«, ein Hinweis auf den Geist als Tempel des Göttlichen. Ein Symbol für karitative Tätigkeit, die notwendig ist, wenn sich das Dasein durch Wohlstand auszeichnen soll.

Zahlenkunde: Geist, Freiheit, Bewegung, Reisen; nicht notwendigerweise nur physische Bewegung, sondern oft ein Anzeichen für eine Erweiterung des geistigen Horizonts, des Studiums usw.; auch spirituelle Bewegung als Folge religiöser Erfahrungen.

Glyphe: **5**, die die Vereinigung des Halbquadrats der Erde (Yin) mit dem unvollständigen Kreis des Himmels (Yang) versinnbildlicht.

Vierzehn ist die erste zusammengesetzte Zahl von Fünf.

Tarot: »Mischung«. Während die Zahl Fünf für den Hierophanten steht, den Führer einer religiösen Schule oder, wie schon erwähnt, den Geist, symbolisiert die Zahl Vierzehn das Gebäude, in dem die Religion tatsächlich praktiziert wird, in anderen Worten, das menschliche Gehirn.

Zahlenkunde: Vereinigung und ihre Gegenteile Spaltung, Zwietracht, unglückliche Verbindungen und Zusammenschlüsse. Im I Ging verursachen diese gegensätzlichen Einflüsse den Umschwung von Yin und Yang und umgekehrt, das Auseinanderbrechen und erneute Zusammenkommen, usw.

SECHS

I Ging und Schildkröte: ☵, Wasser, das Abgründige, Dunkelheit, Gefahr, Wahrhaftigkeit sich selbst gegenüber, die Treue zur Pflicht. Das Trigramm symbolisiert den Geist, der in der Materie gefangen ist. Das Unbewußte, Unwissende, Instinktive.

Kabbala: Tifereth, Schönheit.

Sechstes Gebot: »Du sollst nicht töten.« Dies bedeutet, daß kein Versuch, auf die rechte Art und Weise zu leben, ausgelöscht werden darf.

Tarot: »Die Liebenden«, die für die Unschuld und Reinheit der menschlichen Liebe stehen. Diese Tarot-Karte beschreibt jedoch nicht nur das Zusammentreffen von Adam und Eva im Garten Eden, deren Einfalt uns zeigt, daß die Frucht vom Baum der Erkenntnis noch unberührt blieb, sondern auch den Sündenfall und die Wahl zwischen dem Weg des Guten und dem Weg des Bösen.

Zahlenkunde: Das Heim, die Liebe. Die Sechs repräsentiert die beiden Wege, zwischen denen sich der Mensch entscheiden muß: den Weg der Pflicht, der aufwärts führt und zum Guten und Positiven strebt, dargestellt durch den männlichen Liebenden (Yang), oder den abwärts führenden negativen, leichten Weg des Vergnügens und der Sinnesfreuden, dargestellt durch die weibliche Liebende (Yin).

Mit dieser Zahl sind viele Symbole verbunden, das bekannteste davon sind wahrscheinlich die ineinander geflochtenen Dreiecke des Davidsterns (oder Siegel Salomos). Der Davidstern hat sechs Linien und besteht aus zwei Dreiecken, die die Dreiheit Gottes und des Menschen wie der Sefirotbaum der Kabbala als sich gegenseitig widerspiegelnd oder ineinander verflochten darstellen.

Außerdem gibt es noch das schwarze und weiße I Ging-Symbol der ineinander verschlungenen positiven und negativen Kräfte, manchmal als Neunundsechzig bezeichnet. Die Sechs ist eine umgekehrte Neun, und das Zeichen symbolisiert die Liebenden im Tarot in sexueller Vereinigung.

Das Trigramm des Wassers symbolisiert als das Sinnbild der Emotionen und Wünsche auch den Mond der Liebenden. Im Okkultismus ist es der große Teiler, so z. B. der Fluß Styx, von dem gesagt wird, daß er Himmel und Erde trennt, die christliche Taufe, die das Wasser als ein Symbol der Reinigung vom Bösen benutzt, und ein Chirurg ‚wäscht aus‘, so daß sein Patient vor Krankheitserregern (dem Bösen) geschützt ist.

Und es gibt das Sechsfelder-Kreuz, das aus dem entfalteten Würfel oder dem Quadrat der Erde gebildet wird:

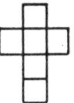

Es ist das Kreuz der Liebe, das die Entscheidung für den aufwärtsführenden Pfad symbolisiert. Der geschlossene Würfel der negativen Erde wird geöffnet und transformiert, wenn der Mensch lernt, die niederen Wünsche zu kreuzigen oder abzutöten, wenn er den nach unten führenden Weg vermeidet und den Aspekt seines Selbst entwickelt, der zu Höherem strebt. Die Sechs steht deswegen für das Prinzip der Liebe, das in der Materie nach dem Licht strebt.

Glyphe: **6**, in der der vollkommene Kreis der Erde aufwärts zu einer himmlischen Existenz strebt.

Fünfzehn ist die erste zusammengesetzte Zahl von Sechs.

Tarot: »Der Teufel«, der für die Sinnenlust steht und eine Person zeigt, die sehr leicht für den Weg blind werden könnte, der dem Dienst am Nächsten gewidmet ist. Er symbolisiert außerdem Adam und Eva, nachdem sie aus dem Garten Eden vertrieben wurden.

Zahlenkunde: Eine äußerst mächtige Zahl, die für die Zahl des Okkultismus und der Magie gehalten wird. Die Zahlen der Lo-Karte ergeben, ganz gleich ob senkrecht, waagerecht oder diagonal zusammengezählt, die Summe Fünfzehn, ein sehr bekanntes magisches Quadrat.

$$\begin{array}{ccc} 4 & 9 & 2 \\ 3 & 5 & 7 \\ 8 & 1 & 6 \end{array}$$

SIEBEN

I Ging und Schildkröte: ☶ , der Berg, das Stillhalten, auch Meditation, Gebet, das zur Ruhebringen des Geistes und des Körpers, Zwiesprache mit Gott. Da dieses Trigramm außerdem auch noch für das Lebensende steht, symbolisiert es eine Schranke und eine Pforte.

Kabbala: Nezach, der Sieg.

Siebtes Gebot: »Du sollst nicht ehebrechen.« Sieben ist die Zahl der Vollkommenheit, und das Vollkommene muß rein sein, über alle Beschmutzung erhaben.

Tarot: »Der Wagen«. Er zeigt einen Mann in der Haltung eines Siegers auf einem Wagen stehend. Einer, der die vielen Prüfungen des Lebens überwunden und sich nun selbst befreit hat.

Zahlenkunde: die Zahl der Vollkommenheit. Es gibt sieben Farben, sieben Noten, die Woche hat sieben Tage und vor Gottes Thron stehen sieben Engel. Sieben ist die Zahl der Mystik, ein Bindeglied zwischen dem höheren und dem niederen Selbst oder – im Schlaf oder in der Meditation – zwischen dem Bewußtsein und dem Unbewußten. Sieben besteht aus Zwei und Drei, ein Hinweis auf die Triplizitäten und Quadruplizitäten in der Astrologie oder auf die Tatsache, daß die Vier (der Materie) mit der Drei (des Himmels) eine Verbindung eingegangen ist.

Glyphe: 7 die eine gekippte, spiegelverkehrte Vier ist, d. h. Materie, die transformiert wurde.

Sechzehn ist die erste zusammengesetzte Zahl von Sieben.

Tarot: »Der Turm«, der das Gesetz des Karma, das Gesetz von Ursache und Wirkung, repräsentiert. In diesem Sinn ist die Zahl Sechzehn mit der Vorstellung von der Himmelspforte des Trigramms ‚der Berg‘ aus dem I Ging verknüpft. Der Mensch muß ernsthaft darum bestrebt sein, seinen Turm zu bauen, der vollkommen sein muß, denn sonst wird er möglicherweise in sich zusammenfallen und seinen Erbauer unter den Ruinen begraben. Wenn dies geschieht, kann der Mensch nur unter dem Schutt hervorkriechen und beginnen, sein Leben von vorn aufzubauen.

Zahlenkunde: Die Sechzehn ist ein Symbol der Reinkarnation, des Kreislaufs von Geburt, Tod und Wiedergeburt. Sie kann vor einem unglücklichen Eingriff des Schicksals warnen, gegen den man sich, wann und wo immer es möglich ist, wappnen sollte.

ACHT

I Ging und Schildkröte: das Empfangende ☷, das Yin-Prinzip, Widerstand, die irdische Seite der menschlichen Natur. Die beiden Kreise oder das Acht-Symbol versinnbildlichen Himmel und Erde oder die kosmische Umschaltung von Yin und Yang.

Wenn man die Fünf (die Wandlungszahl) *oder* die Neun (die Zahl der Nicht-Wandlung) ausläßt, gibt es acht Zahlen, die kleiner sind als Zehn, und deswegen gibt es auch acht Trigramme. (Siehe auch unter *Zwei*, der anderen Zahl von Yin oder der Erde.)

Kabbala: Hod, der Glanz.

Achtes Gebot: »Du sollst nicht stehlen.« Dem niederen Selbst darf nicht erlaubt werden, dem höheren Selbst etwas zu stehlen. Das Große Gesetz wird den Menschen so lange im Kerker der Erde festhalten, bis der Mensch gelernt hat, nicht vom Himmel zu stehlen und die Gaben des Himmels zu mißbrauchen.

Tarot: »Gerechtigkeit«, die Rechtschaffenheit und der Triumph des Guten über das Böse, das ausgewogene Abwägen der Dinge. Die beiden Kreise der Zahl Acht versinnbildlichen hierbei das höhere und das niedere Leben.

Zahlenkunde: Gleichgewicht und die Verdoppelung der Zahl der Materie (zweimal Vier). Gerechtigkeit und Inspiration.

Glyphe: 8 . Zwei übereinanderliegende Kreise, die miteinander in Verbindung stehen und die Tatsache versinnbildlichen, daß der Mensch mit dem Himmel in Berührung steht, zwischen den Gegensatzpaaren einen Zustand des Gleichgewichts erreicht hat und eine gewisse Stufe der Vollendung erlangen konnte (denn es ist ein Kreis), so daß er bereit ist, zur nächsten Zahl, der Neun der Initiation, weiterzugehen.

Siebzehn ist die erste zusammengesetzte Zahl von Acht.

Tarot: »Der Stern«, der ‚achtspitzige Stern der Magi‘ oder ‚l’Etoile Flamboyante‘ der Freimaurer, auf die wir schon früher verwiesen haben. Dieser Stern repräsentiert die Erlangung eines Zustands, in dem die Wasser des Lebens frei gegeben und aufgenommen werden, ein Zustand, in dem man die Gaben des Geistes wirklich empfangen kann.

Zahlenkunde: Unsterblichkeit und, in weltlichem Sinn, Ruhm.

NEUN

I Ging: Da es nur acht Trigramme gibt, ist mit dieser Zahl kein Trigramm assoziiert. Die Trigramme sind Symbole für die Wandlungszustände. Die Zahl Neun ist jedoch die Zahl der

Nicht-Wandlung. Sie ist die Zahl des Himmels (oder Frühen Himmels).

Schildkröte: Die Neun befindet sich auf dem Kopf der Schildkröte, ein Zeichen, daß nicht nur die Befähigung zur Vollendung sondern auch zur Kommunikation gegeben ist.

Kabbala: Jessod, die Grundlage, die Basis.

Neuntes Gebot: »Du sollst kein falsch Zeugnis reden wider deinen Nächsten.« ›Dein Nächster‹ ist jeder, dem Sie begegnen mögen, einschließlich Ihrer selbst. Nur wenn der Mensch sich selbst wahrhaft ins Auge blicken und sich sehen kann, wie er wirklich ist, nur wenn er die wahren Motive seiner Handlungen erkennt, ist er für die große Einweihung in die Mysterien bereit, für die die Zahl Neun steht. »Mensch, erkenne dich selbst!« war in den Schrein des Orakels von Delphi eingraviert. Dies ist es, was das neunte Gebot meint.

Tarot: »Der Eremit«, der Reife und Erfahrung versinnbildlicht, ein Mensch, der andere mit seinem spirituellen Licht leitet und ihnen hilft. Solche Weisheit, solche Befähigung und solches Licht können nur erlangt werden, wenn man alle Prüfungen des Lebens bestanden und sich triumphierend über sie erhoben hat.

Zahlenkunde: unpersönliche Liebe, Verständnis und Dienst an der Menschheit, Glaube und Vertrauen, ein Lehrer, ein wahrer Prophet, Seher oder Wundertäter.

Glyphe: **9**, welche das Gegenteil zur Zahl Sechs ist, bei der die Wahl zwischen den beiden Wegen offenstand. Da die Sechs hier auf den Kopf gestellt wurde, ist aus dem nach oben strebenden Kreis der Erde nun der Kreis des Himmels geworden, der seine helfende Hand nach unten ausstreckt, um der Menschheit beizustehen und sie zu trösten.

Achtzehn ist die erste zusammengesetzte Zahl von Neun.

Tarot: »Der Mond«, der die letzte Pforte vor dem Nicht-zu-Wissenden repräsentiert.

Zahlenkunde: Die Achtzehn kann als der negative Aspekt des Materialismus angesehen werden, der die spirituelle Seite des Lebens zu vernichten trachtet. Selbst im Augenblick der Initiation, wenn der Mensch für den nächsten Schritt, die Zehn der Vollendung, bereit ist, ist er für die Einflüsse von Yin und Yang immer noch offen.

Erst wenn er das eigentliche Zentrum des Kreises betritt, in dem das T'ai Chi weilt, kann er aus dem ewigen Tauziehen zwischen Yin und Yang freikommen. Dann, und nur dann, wird er mit allem eins und findet den Frieden, der über alles Begreifen hinausgeht. Dann findet er die Befreiung, Nirvana, denn er hat Vollkommenheit erlangt und ist wie das Absolute, wie das T'ai Chi geworden. In einem solchen Zustand muß er sich nach den Lehren des I Ging notwendigerweise in irgendeiner Form kreativ auf der Erde manifestieren und damit Teil des kein Ende kennenden Prozesses der Enantiodromie werden, der in der Schöpfung stattfindet.

ANHANG

DIE HEXAGRAMME UND IHRE KERNZEICHEN

Hexagramm	Kernzeichen			
1	bleibt unverändert	1		
2	bleibt unverändert	2		
3	23 wird zu	2		
4	24	2		
5	38	63	64	63 etc.
6	37	64	63	64
7	24	2		
8	23	2		
9	38	63	64	63
10	37	64	63	64
11	54	63	64	63
12	53	64	63	64
13	44	1		
14	43	1		
15	40	63	64	63
16	39	64	63	64
17	53	64	63	64
18	54	63	64	63
19	24	2		
20	23	2		
21	39	64	63	64
22	40	63	64	63
23		2		
24		2		
25	53	64	63	64
26	54	63	64	63
27		2		

28		1		
29	27	2		
30	28	1		
31	44	1		
32	43	1		
33	44	1		
34	43	1		
35	39	64	63	64
36	40	63	64	63
37		64	63	64
38		63	64	63
39		64	63	64
40		63	64	63
41	24	2		
42	23	2		
43		1		
44		1		
45	53	64	63	64
46	54	63	64	63
47	37	64	63	64
48	38	63	64	63
49	44	1		
50	43	1		
51	39	64	63	64
52	40	63	64	63
53		64	63	64
54		63	64	63
55	28	1		
56	28	1		
57	38	63	64	63
58	37	64	63	64
59	27	2		
60	27	2		
61	27	2		
62	28	1		
63		64	63	64
64		63	64	63

DIE HEXAGRAMME IN DER REIHENFOLGE DES BUCHES DER
WANDLUNGEN UND IHRE ENTSPRECHUNGEN IN DER VORWELT-
LICHEN ANORDNUNG

Innerweltliche Anordnung
(Antworthexagramm zu einer
Befragung)

Vorweltliche Anordnung
(das dem Antworthexa-
gramm entsprechende Hexa-
gramm in der Anordnung
des Frühen Himmels)

1. KIËN/ Das Schöpferische	52. GEN/ Das Stillehalten, der Berg
2. KUN/ Das Empfangende	57. SUN/ Das Sanfte, der Wind
3. DSCHUN/ Die Anfangsschwierigkeit	36. MING I/ Die Verfinsterung des Lichts
4. MONG/ Die Jugendtorheit	16. YÜ/ Die Begeisterung
5. SÜ/ Das Warten, die Ernährung	15. KIËN/ Die Bescheidenheit
6. SUNG/ Der Streit	23. BO/ Die Zersplitterung
7. SCHI/ Das Heer	20. GUAN/ Die Betrachtung
8. BI/ Das Zusammenhalten	46. SCHONG/ Das Empordringen
9. SIAU TSCHU/ Des Kleinen Zähmungskraft	31. HIËN/ Die Einwirkung
10. LÜ/ Das Auftreten	4. MONG/ Die Jugendtorheit
11. TAI/ Der Friede	53. DSIËN/ Die Entwicklung
12. PI/ Die Stockung	18. GU/ Die Arbeit am Verdorbenen
13. TUNG JEN/ Gemeinschaft mit Menschen	26. DA TSCHU/ Des Großen Zähmungskraft

TABELLE DER HEXAGRAMME FÜR DIE JAHRE 1900–2020

1900	63	7	34	4	7
1	37	8	14	5	33
2	55	9	43	6	31
3	49	1920	44	7	56
4	13	1	28	8	62
5	19	2	50	9	53
6	41	3	32	1940	39
7	60	4	57	1	52
8	61	5	48	2	15
9	54	6	18	3	12
1910	38	7	46	4	45
1	58	8	6	5	35
2	10	9	47	6	16
3	11	1930	64	7	20
4	26	1	40	8	8
5	5	2	59	9	23
6	9	3	4	1950	24

1	27	5	5	9	53
2	3	6	9	2000	39
3	42	7	34	1	52
4	51	8	14	2	15
5	21	9	43	3	12
6	17	1980	44	4	45
7	25	1	28	5	35
8	36	2	50	6	16
9	22	3	32	7	20
1960	63	4	57	8	8
1	37	5	48	9	23
2	55	6	18	2010	24
3	49	7	46	1	27
4	13	8	6	2	33
5	19	9	47	3	42
6	41	1990	64	4	51
7	60	1	40	5	21
8	61	2	59	6	17
9	54	3	4	7	25
1970	38	4	7	8	36
1	58	5	33	9	22
2	10	6	31	2020	63
3	11	7	56		
4	26	8	62		

I Ging – der Weg zum eigenen Ich

I Ging
Das Buch der Wandlungen
Aus dem Chinesischen von Richard Wilhelm. 644 Seiten, Leinen

I Ging
Text und Materialien.
Aus dem Chinesischen übersetzt von Richard Wilhelm. Einleitung von Wolfgang Bauer. Gelbe Reihe Band 1. 352 Seiten, kartoniert

Carol K. Anthony
Handbuch zum klassischen I Ging
Aus dem Amerikanischen von Hanna Moog. 440 Seiten, Leinen

R. L. Wing
Das Arbeitsbuch zum I Ging
176 Seiten mit 71 Kalligraphien, 8 chinesischen Holzschnitten und zahlreichen Schautafeln, kartoniert

Hellmut Wilhelm
Sinn des I Ging
Gelbe Reihe Band 12. 224 Seiten, kartoniert

Astrologie des I Ging
Nach dem Ho Lo Schu, hrsg. von Wen Kuan Chu und Wallace A. Sherril. Aus dem Englischen von Matthias Dehne. Gelbe Reihe Band 65. 520 Seiten mit 7 Abbildungen und 18 Tabellen, kartoniert

Frank Fiedeler
Die Monde des I Ging
Symbolschöpfung und Evolution im Buch der Wandlungen. Gelbe Reihe Band 72. 304 Seiten mit zahlreichen Abbildungen, kartoniert.

Eugen Diederichs Verlag